JULI FUREN ZHUAN

居里夫人传

〔法〕**艾芙·居里** 著

刘泽漫 译

张辛 主编

黄河出版传媒集团
阳光出版社

图书在版编目（CIP）数据

居里夫人传／（法）艾芙·居里著；刘泽漫译. -- 银川：
阳光出版社，2015.6（2020.6重印）
（阳光阅读／张辛主编）
ISBN 978-7-5525-1999-0

Ⅰ.①居… Ⅱ.①艾… ②刘… Ⅲ.①居里夫人，
M.(1867~1934)-传记 Ⅳ.①K835.656.13

中国版本图书馆 CIP 数据核字（2015）第 149213 号

阳光阅读·居里夫人传
　　　　　　　　　　　　　　　　　　　　　　　[法]艾芙·居里　著　　刘泽漫　译

责任编辑　　赵维娟
封面设计　　天之赋设计室

黄河出版传媒集团
阳　光　出　版　社　出版发行

地　　　址　　宁夏银川市北京东路 139 号出版大厦（750001）
网　　　址　　http://www.ygchbs.com
网上书店　　http://shop129132959.taobao.com
电子信箱　　yangguangchubanshe@163.com
邮购电话　　0951-5014139
经　　　销　　全国新华书店
印刷装订　　三河市兴达印务有限公司
印刷委托书号　（宁）0015696

开本　　880mm×1230mm　1/16
印张　　14　　　　　字数　　230千字
版次　　2015 年 6 月第 1 版
印次　　2020 年 6 月第 4 次印刷
书号　　ISBN 978-7-5525-1999-0
定价　　26.80 元

《阳光阅读》丛书著译者（部分）

叶圣陶　原名叶绍钧，现代著名作家、教育家、文学出版家和社会活动家，有"优秀的语言艺术家"之称。出版了童话集《古代英雄的石像》《稻草人》以及小说集《隔膜》《火灾》等。短篇小说《藕与莼菜》编入沪教版七年级语文教材。

冰　心　原名谢婉莹，是我国第一代儿童文学作家，著名的中国现代小说家、散文家、诗人、翻译家。著有小说集《超人》，诗集《春水》《繁星》，散文集《寄小读者》《再寄小读者》《三寄小读者》等。

艾　青　原名蒋正涵，中国现代诗人。1933年，第一次用艾青的笔名发表长诗。以后陆续出版诗集《大堰河》《火把》《向太阳》《在浪尖上》《光的赞歌》等。其诗作《我爱这土地》《大堰河——我的保姆》被选入中学语文教材。

林海音　原名林含英，中国现代著名女作家。《窃读记》被选为人教版义务教育教科书五年级语文上册第一单元第一课，《迟到》被选入北师大版五年级语文教材。

张天翼　中国现代著名作家。曾任中央文学讲习所副主任、中国文联委员、中国作协书记处书记、《人民文学》主编等职。代表作有童话《大林和小林》《宝葫芦的秘密》《秃秃大王》，小说《华威先生》《鬼土日记》等。

宋兆霖　中国作家协会会员，著名翻译家。译著长篇小说《赫索格》《奥吉·马奇历险记》《最后的莫希干人》《间谍》《双城记》《大卫·科波菲尔》《呼啸山庄》《简·爱》《鲁米诗选》等。

丛书特色

导语 ▶ 富有启发性的引导语言，重在激发读者的阅读兴趣，带领读者自主阅读，用心感悟。

阅读提示 ▶ 点评重要语句，挖掘原著内容，分析人物形象，品读精彩语言，全景展现阅读天地，快速提高阅读能力。

知识链接 ▶ 对文中所涉及的生僻或难以理解的知识、概念或事件做简要介绍。

字词积累 ▶ 解释生词、熟语等，为读者扫清阅读障碍。同时，帮助读者在具体语境中学习、积累词汇。

品读理解 ▶ 对名作一个章节的整体结构、写作手法等进行分析，以便读者把握篇章主旨，理解文章内容，感悟艺术特色。

感悟思考 ▶ 结合文章内容设计思考题，留给学生思考和想象的空间、主动学习的空间以及展示个性的空间。

写作借鉴 ▶ 经典引路，启发学生收集写作的素材，告诉他们写什么、怎么写；指导学生锤词炼句、写景状物、布局谋篇。

考点集萃 ▶ 对必须掌握的知识点、考点进行全方位梳理，特别增设了"走近作者""故事梗概""艺术魅力""人物分析""阅读指引"等板块，旨在让学生快速掌握考试要点。

真题模拟直击考点 ▶ 精挑细选，五年升学考试真题、三年名校模拟试题与考题直接接轨，掌握解题思路与技巧。

读后感 ▶ 紧扣名著精髓，精选读后感佳作，拓展发散性思维，发人之所未发，见人之所未见。

序

读书对一个人的成长有着非常重要的影响。很多杰出的人物在青少年时代都酷爱读书，以书为友，以读书为乐。毛泽东曾经说过："我一生最大的爱好就是读书。……饭可以一日不吃，觉可以一日不睡，书不可以一日不读。"苏联著名作家高尔基曾经说过："我扑在书上，就像饥饿的人扑在面包上。"

名著是人类文化的精华，更是书中的精品。阅读名著，如同与大师携手，可以增长见识，启迪智慧，提高语文能力和人文素养。为了让中小学生多读书、读好书，国家教育部于2017年9月开始要求全国中小学生陆续启用教育部统编语文教材。统编语文教材加强了中国优秀传统文化教育、革命传统教育及社会主义先进文化教育的内容，更加注重立德树人，鼓励学生通过大量阅读提升语文素养，涵养人文精神。我们出版的《阳光阅读》丛书是紧扣新课改宗旨，携手国内中小学语文教育专家精心打造的提高中小学生阅读水平的典范之作。

经典性　名著是不同国家、不同时代人类智慧的结晶与文明成果的标志，往往有着深刻的思想内涵和巨大的艺术魅力。本丛书所选的百部中外名著，大都是经过历史长河淘洗过的经典作品，能为中小学生的健康成长打好精神基础，为他们提供精神营养，使他们终身受益。

权威性　我们对所选的百部中外名著，根据语文教材的阅读方法进行了全方位解读。

在内容的编写上，每本书增加了简明实用的"阅读指南"和"感悟思考"。

阅读指南　通过对作品进行全面的介绍，让孩子在阅读时更轻松。我们希望一方面能为广大青少年打开一扇认识和了解名著的大门，激发他们热爱名著、阅读名著的兴趣，另一方面能为他们欣赏和阅读名著提供一些方法上的指导。

感悟思考　丛书中经过精心编写的思考题，有的侧重于思想内涵的理解，有的侧重于艺术表现方法的探究，有的侧重于结合现实，深入理解名著的文化意义。学生带着问题阅读，通过独立思考，在读完全书后得出自己的结论。这样，阅读名著就会收到事半功倍的效果。

我们相信，《阳光阅读》丛书一定能够成为中小学生的良师益友，成为中小学生家庭的必备藏书。

《阳光阅读》丛书编委会

目 录
CONTENTS

第一章　少女时代〔精读〕…………………………………001

第二章　走向未来〔精读〕…………………………………017

第三章　巴黎岁月〔精读〕…………………………………033

第四章　爱的呼唤〔精读〕…………………………………049

第五章　镭的研究〔精读〕…………………………………063

第六章　人生的不幸〔精读〕………………………………092

第七章　一个人的奋斗〔精读〕……………………………116

第八章　灿烂的晚年〔精读〕………………………………135

附录………………………………………………………………155

考点集萃………………………………………………………209

第一章 少女时代 [精读]

名师导读

玛丽·斯可罗多夫斯基出生在波兰的一个教师家庭，是家里五个孩子中最小的一个。她从小就表现出了高于常人的记忆力以及对物理仪器的热爱，学习也是名列前茅。那时的波兰正处于沙俄占领时期，小小年纪的玛丽·斯可罗多夫斯基已经体会到了什么是屈辱，而人生中的两个至爱的亲人——姐姐和妈妈也相继得病离开了她。玛丽读完了中学之后有什么打算呢？

玛丽·斯可罗多夫斯基的父母，都是很有学识的人。父亲得益于祖父的培养，在圣彼得堡大学研究高深的科学，后来回到华沙教数学和物理学。母亲办了一所女生的寄宿学校，取得了不错的成绩，城里最好的人家都把女儿送到这所学校来。

斯可罗多夫斯基一家在弗瑞达路，也就是玛丽母亲办校的地方，居住了八年之久。他们住在二楼，房屋都朝向院子，窗户之间有美观的阳台。

每天早晨当这位教师迈出卧室的时候，前面的屋子里已经有女孩子闲谈的声音，她们在等着上第一堂课。

到了1868年，乌拉狄斯拉夫·斯可罗多夫斯基被任命为诺佛立普基路中学教师兼副督学。丈夫有了新职

名师点评

阅读提示

文章开篇就先介绍了居里夫人的身世背景和成长环境，便于读者更好地了解主人公。

务，斯可罗多夫斯基夫人，也就不再担任女校校长的职务了，她还要照看五个孩子。斯可罗多夫斯基夫人依依不舍地辞去自己在女子中学的职务，离开了生活了八年的房子。

　　就在离开那里的前几个月，也就是1867年11月7日，玛丽·斯可罗多夫斯基出生在那所房子里，她的母亲亲昵地叫她玛妮雅。斯可罗多夫斯基夫人用她的双手亲昵地抚摸着她的小女儿的额头。这种抚摸是玛妮雅所知道的最亲切的表示了。自打玛妮雅可以记事的时候起，她就从未得到过母亲的一个吻。那时候，对她而言，最大的幸福，莫过于依偎在母亲的怀里撒娇，她渴望着在母亲的一句话、一个眼神、一个微笑中去体会母亲对自己深深的爱和呵护。

　　玛妮雅从来不曾知道这些令人痛苦的原因，也不懂她的母亲为什么严格地使自己与他们隔离。斯可罗多夫斯基夫人这时候已经病得很重，生玛妮雅的时候，她就有了结核病的初期症状，后来五年中，虽然经过多方诊治，她的病情还是发展了。

　　但是斯可罗多夫斯基夫人依然保持着蓬勃的生气，衣冠还是整洁，照旧过着忙碌的主妇生活，给人一种身体健康的错觉。

　　她一直强迫自己要这样做：自己要用专用的餐具，不论如何，都不能和孩子们拥吻。可爱的孩子们对母亲的病情的可怕程度并不十分了解，只不过她们有时会听见从母亲房间里传来的阵阵干咳声。只看见母亲脸上的忧愁阴影，只知道从前些日子起，他们的晚祷词里加了一句很短的话："保佑我母亲恢复健康！"

有一年，他们住在乡下的时候，布罗妮雅觉得独自学字母太乏味，想拿她的小妹妹做教育试验，跟她妹妹玩"教师游戏"。这两个小女孩有好几个星期总在一起，用纸版剪的字母随意排列成字。

直到有一天清晨，布罗妮雅正拿着一本书在父亲面前磕磕巴巴地念一段文字，这时，玛妮雅似乎有些耐不住了，她从姐姐手中拿过那本书，居然很流畅地读出了上面的字句。

开始的时候，周围安静的氛围让她感觉很兴奋，觉得这是个有趣的游戏。

但是，当她看见斯可罗多夫斯基先生和夫人那惊呆了的神情时，突然变得惊慌失措，她又看出了布罗妮雅不高兴的样子，结结巴巴地说了几句含糊不清的话，就不由得哭了。刚才神奇的样子完全消失了，她还不过是一个四岁的孩子，痛哭着并且喃喃地重复着说："请原谅我……原谅我……我不是故意……这不是我的错……也不是布罗妮雅的错……这只是因为它太容易了……"玛妮雅突然失望地想到，或许因为她学会了读书，他们会永远怪罪她。

在这次难忘的事发生之后，这个小孩渐渐把大小写的字母都认熟了。由于她的父母总是避免给她书，她才

阅读提示

作者用这种看似漫不经心的口吻描述当时的情景，实则是让读者自己去慢慢体会玛妮雅带给人们的惊奇感受。

阅读提示

生动细致的神情和语言描写，将当时年幼的玛妮雅内心的茫然无措刻画得淋漓尽致，让我们感受到她内心的纯洁和善良。

名师点评

阅读提示

阅读提示

　　这段文字不仅让我们看到了玛妮雅的聪敏之处，还可以感受到虽然玛妮雅的童年生活有些坎坷，但还是充满着童趣。同时，也引起了我们对自己童年的怀想。

阅读提示

　　大人们的谈话是"小孩子"永远都不懂的，但是在以后某个时刻就会有所映射，这也为我们显现了当时的社会背景是在沙俄统治下的。

没有显著的进步。他们都是很谨慎的教师，总担心他们的小女儿智力发育过早，所以每逢她伸手去拿书本的时候，就叫她做别的事。

　　玛妮雅生来就有着过人的记忆力，她可以很清晰地记得上一年夏天和姐姐在一条小河里划水玩，玩了好几个小时……记得她们在偷偷摸摸玩泥巴的时候，衣裙上到处都是泥点，之后还把捏好的泥巴放在阳光下晒……记得她和几个表亲和小伙伴等七八个人一起爬上那棵老菩提树，他们还将她这个手不够长，腿也不够长的小家伙弄到树上去；而且他们还在大枝上铺着又凉又脆的白菜叶，在白菜叶上晾着板栗、生胡萝卜和樱桃等食物……她记得在马尔基，约瑟夫在一个燥热的谷仓里学乘法表，他们试着要把她埋在那流动的谷粒堆里！她也记得斯可西波夫斯基老爹，他驾着大型的四轮马车的时候，总是那样高兴地把鞭子抽得噼噼啪啪地响！她还记得克萨维尔叔父的马！

　　她们越走近学校，比较大的一个就越控制住自己，并且把声音放低。她大声讲着的那个自己编的故事并没有完，但是到了学校的房子跟前，她就中止了。这两个女孩子突然静悄悄地从房子的窗前走过，这些窗户都挂着同样的硬花边窗帘。里面住的是斯可罗多夫斯基一家最恨也最怕的人物伊凡诺夫先生，他是这所学校的校长，在学校范围内，他是代表沙皇政府的。素希雅和玛妮雅散步回来，溜进父亲的书房的时候，这位教师正低声和夫人谈着伊凡诺夫。但是不行！大人们的谈话太叫人厌烦了。"伊凡诺夫……警察……沙皇……放逐……密谋……西伯利亚……"玛妮雅来到这个世界，每天都会听见从人们口中说出来的这些词语。她模糊地觉得它们有一种可怕的意义，就本能地躲开它们。这个小女孩深深沉浸在幼稚的幻想中，从父母身边走开，不去理会他们低声的亲密谈话。她高昂着小小的头，在房间里来回走动，并且呆呆地站定在她特别喜欢的东西跟前。那里有个架子，上面放着一个饰有路易十八的圆形头像的蓝色塞夫勒瓷杯——父母上千次告诫过玛妮雅不要碰它，因此她很怕它。

她绕开这个架子，在自己钟爱的东西面前停下。一个是挂在墙上的精确的气压表，镀金针在白色的标度盘上闪着亮光。定期地，父亲就会当着玛妮雅和其他几个孩子的面小心谨慎地调整这个神秘的小东西，并把它擦干净。

再就是一个有好几个隔层的玻璃匣，里面装满了奇异而且优美的仪器。有几支玻璃管、小天平、矿物标本，甚至还有一个金箔验电器……以前，斯可罗多夫斯基先生在教课的时候，常把这些东西带到课堂去；但是自从政府命令减少教科学的钟点之后，这个匣子就一直关着了。玛妮雅想不出来这些极有趣的小玩意儿有什么用处。

有一次，玛妮雅踮起脚尖仰着头快乐地看着它们，

阅读提示

作者在这里运用了简短却又十分肯定的语气,强调了玛妮雅高超的记忆力,同时也让我们看到了她对物理知识方面的敏感,这对她的一生有深远的影响。

阅读提示

通过侧面描写向我们展示了小玛妮雅不同寻常的个性:独立、固执。为以后写她的成功做铺垫。

她父亲简单地把它们的名字告诉她:"物——理——仪——器。"这么稀奇古怪的名字。她从来没有忘记过这个名字,并且她从来不会忘记任何东西。

另外,由于她听到这个名字感到很兴奋,于是她反复地念着这几个字。玛妮雅上学后,她的样子和她的同学并没有多大差别。她坐在第三排,靠近一个高高的窗子,由窗子向外望,可以看见萨克斯花园里白雪覆盖的草地。她坐在邻近的桌子前面。穿整齐的制服,梳简朴的发型,这是西科尔斯卡小姐的"私立学校"的规矩。

而坐在椅子上的这位教师,穿着一点都不奢华,她穿着黑色的绸质上衣,鲸须领子,从来不是流行的式样;而安多尼娜·杜巴尔斯卡小姐也不美丽,她的脸是迟钝、粗鲁而且丑陋的,不过看起来十分和善。杜巴尔斯卡小姐——人们平常叫她"杜普希雅",是数学和历史教员,兼任学监。这种职务使她有时候不得不用强制手段压制"小斯可罗多夫斯基"的独立精神和固执性格。

然而她看着玛妮雅的时候,眼神时常流露出深深的怜爱。她怎能不为这样一个出色的学生而感到骄傲呢?

这个学生比自己的同学小两岁,对任何科目都似乎不觉得困难,永远是第一:算术第一,历史第一,文学第一,德文第一,法文第一,教义问答第一……

一天,在课堂上,整个教室鸦雀无声,似乎连呼吸都可以听得清楚,这是在历史课上造成的一种气氛。

二十多个可爱的爱国的小朋友的目光以及"杜普希雅"的庄重脸色，反映出他们的认真。讲到死去多年的波兰国王斯塔民斯拉斯的时候，玛妮雅带着特殊的热情肯定地说："不幸得很，他是一个缺乏勇气的人……"这个不漂亮的教师，正在用波兰语教波兰历史，她和那些很听话的儿童，都带着一种共同参加阴谋的神秘态度。

突然，她们真的都像阴谋者一样吃了一惊，因为轻轻的电铃声由楼梯平台那里传来了，两声长的，两声短的。这种信号立刻引起一种剧烈而无声的激动。杜普希雅猛然挺直身子，急忙收拾起散乱的书籍。孩子们动作敏捷地把课桌上的波兰文笔记本和课本收起来，然后将所有的书本都放进五个学生的围裙里，五个学生步履轻盈地抱着这些东西，向学校寄宿生的大门走去。之后，就听见有搬动椅子、打开桌子盖并轻轻关上的声音。后来，几个孩子气喘吁吁地回来坐下了。

门缓缓地打开，出现在门口的是霍恩堡先生，他的讲究的制服——黄色长裤，蓝色上衣，缀着发光的纽扣，紧紧地裹在他身上。他是华沙城里私立寄宿学校的督学，身材粗壮，头发剪成德国式，脸很肥胖，目光由金边眼镜后面射出来。

这个政府督学表情严肃地看着这些学生，陪他进来的校长西科尔斯卡小姐，站在他旁边，表面很镇静，也看着这些学生——但是她暗地里是多么忧虑不安呀！

今天拖延的时间太短了……看门人刚刚发出约定

阅读提示

　　是什么事的来临让原本认真上课的孩子出现了这样不和谐的音符呢？引起了读者的兴趣，吸引他们继续读下去来探究问题的答案。

我的点评

阅读提示

教师的冷静应对让人佩服,同时我们也了解到了玛妮雅童年的生活环境——在沙俄的统治下。

阅读提示

通过夸张的手法,指出了稚嫩的孩子们在祖国遭受压迫的情况下,变得早熟、坚强,让人不禁生怜悯之情。

的信号,霍恩堡就在引导者前头到了楼梯平台,进了教室,天哪!都安顿好了吗?都安顿好了。

小女孩们都在沉静地低头做针线,手指上戴着顶针,在毛边的四方布上锁着扣眼……剪子和线轴散乱地放在空桌沿上。杜普希雅头上的青筋有点突出,脸色涨红;教师的桌上明显地放着一本打开的书,是合法的文字印的。

校长一字一顿地用俄语说:"督学先生,这些孩子每星期上两小时缝纫课。"霍恩堡向教师走过去。"小姐,你方才在高声朗读着什么?""克雷洛夫的寓言,我们今天才开始读。"杜普希雅十分镇静地回答,脸色也慢慢恢复了常态。

霍恩堡像是漫不经心的样子,把附近一张课桌的盖子掀开:什么也没有,没有一本笔记,没有一本书。这些学生细心地缝完了最后一针,就把针别在布上,停了缝纫活。她们坐在那里不动,两臂交叉,一律是深色衣服,白领子,表情都相同。这时,二十五张孩子的脸突然都变老了,都带着一种隐藏着的恐惧、狡猾和憎恨的坚定神色。

"请你叫起一个年轻人来。"

玛丽·斯可罗夫多斯基在第三排,本能地把她那恐慌的小脸转向窗户,心里暗暗祷告着:"我的上帝,叫别人吧!……不要叫我!……不要叫我!……不要叫我!……"但是她准知道一定要叫她。她知道,过去

阅读提示

觉得"热"是由于刚才紧张的心情造成的,之后又觉得冷则是一种由心底散发出来的抵触和绝望之感。年幼的玛妮雅强大的爱国心让她在"热"与"冷"之间煎熬。

阅读提示

简短紧促的对话营造出紧张的气氛,将侵略者的专制暴虐描绘得淋漓尽致。

几乎总是要她回答政府督学的问话,因为她知道得最多,而且俄语讲得好极了……听见叫她的名字,她站起来了。

她似乎觉得热——不对,她觉得冷。一种不让讲波兰语的可怕的耻辱感卡住了她的喉咙。霍恩堡突然说:"背诵祈祷文。"他的态度显得冷漠与厌烦。玛妮雅用毫无表情的声音,正确地背出祈祷文。沙皇发明的最巧妙的侮辱方法之一,就是强迫波兰小孩每天用俄语说天主教祈祷文。

就这样,他以尊重他们的信仰为借口,却亵渎波兰孩子们尊重的东西。又完全寂静了。"由叶卡捷琳娜二世起,统治我们神圣俄罗斯的皇帝是哪几位?""叶卡捷琳娜二世,保罗一世,亚历山大一世,尼古拉一世,亚历山大二世……"督学满意了。这个孩子的记忆力很好,而且她的发音多么惊人啊!她真是生在圣彼得堡的。"把皇族的名字和尊号说给我听。""女皇陛下,亚历山大太子殿下,大公殿下……"她按次序说完了那很长一串名字,霍恩堡微笑了。这真是好极了!

霍恩堡感受不到或许是根本不愿意去感受这个孩子心中的憎恶和烦乱。她紧绷着面孔,极力不让自己心中的怒火表现出来。"沙皇爵位品级中的尊号是什么?""陛下。""我的尊号呢,是什么?""阁下。"这个视察员喜欢问这些品级上的细节,认为这些比数学或文法还重要。仅仅为了取乐,他又问:"谁统治我们?"

校长和学监为了掩饰她们眼中的怒火，都注视着面前的花名册。因为答案来得不快，霍恩堡生了气，用更大一点的声音再问一遍："谁统治我们？""亚历山大二世陛下，全俄罗斯的皇帝。"玛妮雅很痛苦地说，她的脸色变得惨白。

考问结束，这个官吏离开座位，略一点头，向隔壁屋子走去，西科尔斯卡小姐跟在后面。这时，杜普希雅抬起头来。"到这儿来，我的孩子……"玛妮雅离开座位，走到教师面前，这位教师什么话也没有说，就吻她的额头。

瞬间，整个教室开始恢复了生机，可是这个聪明的波兰小女孩却哭了起来。在这件事情过去的几个小时后，她依然是心神不安。她打心底里厌恶这样的考问，觉得这是一种屈辱性质的表演，在这样的高压统治下，所有的人都要学会伪装，学会说谎。霍恩堡的视察，使她更沉重地感觉到自己生活中的悲哀，她哪里还记得自己从前是一个无忧无虑的孩子。斯可罗多夫斯基一家已经经历了太多不幸的事情，玛妮雅觉得过去的四年，犹如一场噩梦。先是斯可罗多夫斯基夫人带着素希雅到法国东部的尼斯去了，人们告诉玛妮雅说："治疗之后，妈妈就会完全康复了。"可是过了一年，这个小孩再看见她母亲的时候，几乎快要不认识这个被无情岁月侵蚀得满脸皱纹的妇人了。

在1873年秋的一个戏剧性的日子，斯可罗多夫斯基

阅读提示

通过简单的语言和动作描写，表现了教师的慈爱善良和无可奈何。

阅读提示

玛妮雅复杂压抑的童年生活环境，赋予她的不仅仅是个人的自尊，还有关于民族的自尊。

名师点评

处于民族压迫下的祖国并没有给像斯可罗多夫斯基先生这样博学爱国的学者一个宽松优裕的生活环境，反而使得玛妮雅一家陷入物质生活的困扰中。

阅读提示

这个美好家庭总是遭受着种种不幸，玛妮雅的童年开始出现不同的磨难。

先生带着全家度假后回到诺佛立普基路，准备开课。这时他在他的桌子上看见一封公文，通知他：奉当局命令，他的薪俸减低，他的副督学头衔，以及按职务分配的住房，一并撤销。这是被降职了。这是中学校长伊凡诺夫，对一个不怎么肯奴颜婢膝的属员施行的报复。几度迁居后，斯可罗多夫斯基一家在诺佛立普基路和加美利特路转角处的一所房子里住定了。

因为家境困难，他们的生活逐渐有了改变。起初这个教师收了两三个寄宿学生，后来增加到五个、八个、十个。这些都是从他的学生里选出来的年轻小伙子，他供给他们食宿和个别辅导。这所房子变得像一个吵闹的磨坊，家庭生活的亲密感完全消失了。他们之所以不得不采取这种办法，不只是因为斯可罗多夫斯基先生降了职，也不只是因为他需付妻子在利维埃疗养的费用。

他有一个倒运的内兄弟拉他做冒险的投资，投资于一种"神奇的"蒸汽磨。这个向来做事谨慎周密的教师，这次却很快地损失了自己的全部积蓄——三万卢布。之后，他十分懊悔自己的鲁莽，懊悔自己犯的错，并开始担心未来的生活。他过度地迁怒自己，十分自责地认为是自己造成家境的困顿，使得女儿们的嫁妆都成了难题。

但是玛妮雅第一次突然认识厄运，还是在整整两年以后。在1876年1月，有一个寄宿生患斑疹伤寒，传染了布罗妮雅和素希雅。那是多么可怕的几个星期呀！

在一间屋子里，母亲尽力要压住自己那一阵阵发作的咳嗽；在另外一间屋子里，两个小女孩因发高烧而呻吟着、颤抖着……在一个星期三，父亲来找约瑟夫、海拉、玛妮雅，带他们到大姐跟前去。

素希雅穿着白衣服，平躺在灵柩里，脸上毫无血色，似乎是在微笑，两手合在一处，头发虽剪得很短，样子仍是非常美丽。这是玛妮雅第一次遇到死亡。这是她第一次送葬，穿着一件素黑的小外衣。而在恢复期中的布罗妮雅，在病床上哭泣；身体太弱不能出门的斯可罗多夫斯基夫人，勉强地由一个窗户挪到另一个窗户，目送自己孩子的棺木沿加美利特路缓缓而去。美丽、善良的卢希雅姑母领着她的侄女们，用轻快的步子走过萨克斯花园。

这个地方在11月的下午，差不多没有人来。她总是找各种借口让这些小女孩去呼吸新鲜空气，使她们离开那患肺痨病的母亲苟延性命的狭小住房。假如传染了她们，可怎么办哪？海拉的气色很好，可是玛妮雅脸色苍白，闷闷不乐。玛妮雅向她相信的上帝祈求。她热切而绝望地请求耶稣把生命赐给世上她最爱的人。她愿意把自己的生命献给上帝，为了救斯可罗多夫斯基夫人，她愿意替她去死。

玛妮雅又穿上了黑色丧服，在加美利特路住房里悲痛地游荡着。她的母亲去世了。现在布罗妮雅住母亲的屋子，只有海拉和她还睡在漆布椅上。父亲匆匆地雇了

名师点评

阅读提示

在玛妮雅还如此年纫的时候，死亡就已发生在她的身边，这显然对她的思想产生了一定的影响。

阅读提示

玛丽从小就表现出了不同于兄弟姐妹的特质，坚强、勇敢、年幼的她已经懂得了生命的脆弱和亲情的可贵。

名师点评

一个管家，每天来指挥仆人，分配寄宿生的食物，并且漫不经心地照料一下这些孩子的穿着。玛妮雅对于这些事都觉得不习惯。斯可罗夫斯基先生把全部空闲时间都用在这些孤儿身上，但是他的照料很笨拙，令人伤心，这只是男人的照料。

阅读提示

生活的种种不幸并没有击垮玛妮雅，反而使她变得更加坚强、勇敢。

玛妮雅很早就知道了生活是残酷的：对民族残酷，对个人残酷。素希雅死了，斯可罗多夫斯基夫人死了。她从小失去了母亲的慈爱，失去了大姐的保护，在差不多没有人照料的环境中长大，从来没有诉过苦。她是骄傲的，决不肯听天由命。当她跪在以前陪她母亲去的天主教堂里的时候，她觉得心里暗暗产生了反抗的情绪。她不再怀着从前那样的敬爱向上帝祈祷，上帝已经不公平地把这些可怕的打击降在她身上，已经毁灭了她周围的快乐、幻想和温存。

每一家的历史里都有一个全盛时期。受到种种神秘原因的驱使，某一代会天赋独厚，格外活泼，格外美丽，而且格外成功，超过前代，远胜后代。虽然斯可罗多夫斯基一家刚刚遭到灾难，却是到了这种全盛时期。在五个聪明热情的孩子中，死神夺去了素希雅，但是其余的四个却生来就有一种锐不可当的力量。他们后来战胜困难，克服阻碍，四个都成了非凡的人物。

阅读提示

简单几句叙述的话拉开了她们一家人成长的历史和各自命运。

1882年春天，清晨的阳光温煦柔和，斯可罗多夫斯基一家围在桌子前吃早餐。他们每个人都是出类拔萃的。十六岁的海拉，顾长娴雅，毫无疑问是这一家的

"美女"；布罗妮雅脸庞鲜艳得像一朵盛开的花，头发是金色的；最大的约瑟夫穿着学校制服，体格像北欧运动员……玛妮雅的脸色也是很好！她增加了体重，她那合体的制服显得她的身材并不太瘦。因为她年纪最小，当时不如她的两个姐姐好看。但是她的脸也和她们一样显得兴奋愉快，眼睛明亮，头发光润，皮肤白嫩，与一般波兰女子相同。

现在只有两个小妹妹穿制服：海拉仍穿蓝制服，是西科尔斯卡寄宿学校的忠实学生；玛妮雅穿栗色制服，她在十四岁的时候就已经是一所官立中学校里出色的学生。布罗妮雅一年前由这所学校毕业，得到真正的荣誉，拿回一个金奖章来。中学、寄宿学校、大学……玛妮亚·斯可罗多夫斯基的青年时期也是被这些词缠住了。

斯可罗多夫斯基先生在中学里教课，布罗妮雅由中学出来了，玛妮雅到中学去，约瑟夫到大学去，海拉到西科尔斯卡寄宿学校去……直到现在，她家的样子，也是一个学校！玛妮雅当然想象宇宙也像一个大学校，里面只有一些教师和学生，而且只有一种理想在里面统治一切：学习！一个金奖章，两个金奖章，三个金奖章，先后到了斯可罗多夫斯基家里……第三个是玛妮雅的，就在1883年6月12日她参加中学毕业典礼时得到的。

宣读得奖人名单，演说和国乐都在闷热中进行。教师们致祝词，和俄属波兰的教育总监阿普式京先生轻轻握手，玛妮雅向他致最后敬礼……小斯可罗多夫斯基按照习惯穿黑礼服，上衣上用扣针别着一束红蔷薇，她致了告别词，对朋友们发誓每星期给她们写信，拿了一大堆当作奖品的俄文书，大声说这些书"可怕"。告别了在克拉科维大道的中学，挽着她父亲的胳膊走了出来，她的成功使斯可罗多夫斯基先生骄傲极了。

玛妮雅上学很用功，甚至是非常用功。斯可罗多夫斯基先生决定在选择职业之前，让她到乡间去住一年。玛妮雅要到斯德齐斯兰夫叔父的家里去过冬。他是斯卡罗东米亚兹地方的公证人，在加里西亚边境，离此不远。这家的主人活泼愉快，他的妻子很美丽，而他们的三个女儿整天只是笑着过日子。玛妮雅在这里怎么会觉得厌烦呢？她在这里度过了一段极快乐的闲暇日子后，在1884年秋天，回到了华沙。

❗ 品读·理解

这一章主要介绍了玛妮雅的童年和少年时期的往事，玛妮雅生活在一个教师家庭，从小就表现出了超乎常人的记忆力和对科学的浓厚兴趣。虽然在童年时期遭遇了很多的不幸，但是这更加有力地塑造了玛妮雅坚韧的性格，她一直以来都是优秀的。

❓ 感悟·思考

1. 玛妮雅在什么时候通过什么事情表现出了她过人的天赋？之后她的父母是怎样对待这件事情的？为什么？

2. 玛妮雅的老师在教他们波兰历史的时候遇到了什么突发状况？师生们是怎样配合处理的？玛妮雅又遭遇了什么？她表现得怎样？

第二章　走向未来 [精读]

名师导读

　　中学毕业后，玛丽·斯可罗多夫斯基做了家庭教师，体会到了生活的艰辛。在经历了一次不愉快的家教经历后，玛丽·居里离开家人，坐上了前往普沙兹尼西的列车，去那里任家庭教师，并在此期间萌生了青涩的爱情。她虽然体会到了爱情的甜蜜，但是最后由于一些原因，又不得不面对恋爱失败的结局。之后，玛丽·斯可罗多夫斯基又做了哪些决定？

　　9月的日子里，玛妮雅就动身返回华沙，长达十四个月的漫游，使得她眼花缭乱。她回到了家里新搬迁的房子，这所房子就坐落在她学习过的中学旁边。她很爱她的父亲。父亲就是保护她的人，是她的良师益友，她甚至认为自己的父亲没有不知道的事情。

　　父亲身为一家之主，维持收支平衡已经够困难的了，居然还找出时间来看他很费力得来的出版物，以充实自己的科学知识。他觉得有许多事都是理所当然的：应该赶上化学和物理学的发展，应该知道希腊文和拉丁文，除了波兰语和俄语之外，应该还能说法语、英语、德语，应该把异国作家的杰作用散文或韵文译成本国语言，应该自己写一些诗——他把他写的诗都小心地抄在

名师点评

阅读提示

　　从这里的叙述可以看出，父亲在玛妮雅心中的形象以及对她的影响。他既充当着父亲的角色，同时也是玛妮雅的良师益友。

阅读提示

这个家庭无时无刻不散发着浓郁的求学气息，这些都影响着玛妮雅各种美好品格的形成。

阅读提示

玛妮雅的父亲给了她一种不多见的发展才智的良好气氛和生长环境。在这里再一次指出，玛妮雅也正是由于有如此好的成长氛围，才使她本有的天分、聪明才智更好地发挥和表现出来，并在后来为科学事业做出了伟大的贡献。

一本黑绿两色封面的学生练习本里：《生日赠友》《为婚礼举杯》《致旧日的学生》……

每星期六，斯可罗多夫斯基先生、他的儿子和三个女儿晚间都在一起研究文学。一家人坐在茶几旁，喝着热乎乎的茶，畅谈。这位父亲会背诗和朗诵，孩子们都用心地倾听。老人已经脱发露顶，一点点灰白胡子使他温和的胖脸显得长一点，他有非凡的口才。一个星期六又一个星期六过后，过去的名著就这样由一个熟悉的声音介绍给了玛妮雅，以前这个声音说神话给她听，念游记给她听，或是教她读《大卫·科波菲尔》。斯可罗多夫斯基先生总是打开书一面看，一面就毫不困难地用波兰语重述出来。现在，仍是那个声音，只因为在中学里教课太多，哑了一点，向四个注意听着的青年高声朗诵浪漫作家的作品。

在波兰，这些作家是描写奴役和反抗的诗人：斯洛伐茨基、克拉新斯基、密茨凯维支！这个教师翻着那些用旧了的书籍，其中有几本，因为俄皇禁止出版，是秘密印的。他高声朗读《塔杜施先生》中气壮山河的长独白和《科尔第安》中的沉痛诗句，玛妮雅永远忘不了这些晚上。幸亏有她的父亲，她才能在一种不多见的发展才智的良好气氛中成长，而这在一般女孩是很少有的。

似乎有一种莫名的力量使得她很强烈地依恋着父亲，父亲以自己打动人心的努力给她的生活带来了极大的趣味。而她对于斯可罗多夫斯基先生的关切之情，也使她猜到了，在他的平静的外表下暗藏着多么秘密的苦痛。

这是一个鳏夫的无法言传的悲哀和孤独，一个有才智却被迫害而不得不从事次等工作的人的忧愁以及一个谨慎人的懊悔。因为他仍在责备自己不应该做那次倒运的投资，而耗尽他的有限财产。

刚刚毕业的玛妮雅，已经了解到了做家庭教师的劳苦和所必须忍受的委屈。在雨天和冷天穿过市区，走很远的路。学生常是不听话或懒惰的，学生家长往往让人在有穿堂风的门厅里等很久。或者只是由于疏忽，到月终忘了付给应付的几个卢布，而这个教师是急需钱用，算准了在那天早晨一定能拿到的！为了解决生活所需，玛妮雅还是勇敢地接受了家庭教师这样的生活。但是与此同时，玛丽还有另一种秘密的生活，一种被梦想所激励的、与许多当时的波兰人一样的生活。

玛妮雅·斯可罗多夫斯基回到华沙之后不久，结交了一些热心的"实证论者"。有一个女子，皮亚塞茨卡小姐，给了玛妮雅很大的影响。那是一个二十六七岁的中学教师，金栗色的头发，很瘦而且很丑，可是很讨人喜欢。她钟情于一个叫作诺卜林的大学生，他因为政治活动新近被大学开除。她对于近代学说，有着热烈的兴趣。玛妮雅起初很胆小，有一点怀疑，后来被她朋友的大胆意见征服了。她和姐姐布罗妮雅和海拉以及同伴玛丽亚·拉可夫斯卡，一起参加了"流动大学"的定期聚

阅读提示

在这里，我们看到了玛妮雅为了生计不怕困难的坚强决心。同时，也表明了她强烈的爱国之情。

阅读提示

玛妮雅先进独立的个性决定了她一定会跟着时代的步伐走，她懂得接受新观念、新知识。

名师点评

我的点评

阅读提示

　　青少年时期的玛妮雅已经开始表现出了对知识毫不厌倦的眷恋和追求，并且爱国主义思想已经在心中生根发芽。

会：在那里有一些博仁的教授为他们讲解解剖学、博物学、社会学，讲给这些渴望得到知识的青年人听。这些功课都是秘密讲授的，有时候在皮亚塞茨卡小姐家里，有时候在别的私人住宅里。这些学生每次八个或十个聚在一起写笔记，传阅小册子和论文。一听见极小的声音，就都颤抖起来，因为若被警察发觉，他们都免不了下狱。流动大学的任务，不只是补足从中学出来的少年的教育。这些学生听讲之后，还要从事教学工作。

　　玛妮雅受了皮亚塞茨卡小姐的鼓励，去教平民妇女。她为一个缝纫工厂的女工朗读，并且一本本地搜集波兰文书籍，聚成一个小图书馆，供女工们使用。谁能想象得到这个17岁的青年女子的热诚？她的童年是在她崇拜的神秘物品——她父亲的物理仪器面前度过的。在科学"时兴"以前，斯可罗多夫斯基先生已经把他对于科学的热烈好奇心传给她了。只是这有限的接触已经不能急切地满足玛妮雅的热忱和需要，她跳入世界上别的知识部门：要认识奥古斯特·孔德！也要研究社会进化！玛妮雅不只梦想学数学和化学，她要改革既定的秩序，她要启发人民大众……以她先进的思想和宽厚的灵魂来说，她纯然是个社会主义者，然而她没有加入华沙的社会主义学生团体，因为她热爱波兰，认为为祖国效力比其他一切都重要。

　　那时的玛妮雅还不懂得自己会为梦想做出适当的选择，她将自己的民族感、人道主义思想以及有关才智的发展，都通通糅合在占了上风的兴奋心情之中。就像一个矛盾体。矛盾得很！这个"摆脱了束缚的女孩"为了表示对艳冶的不屑一顾，在刚刚把那一头美丽的金栗色的长发剪掉的时候，就发出了一声叹息，并且把一些动人而没有什么意义的诗句完整地抄录下来。玛妮雅与皮亚赛茨卡这个"实证的理想主义者"在一起，用许多时间试图做出自己的前途计划。不幸得很，阿斯尼克和勃兰戴斯都没有给她们指点办法，能在一个大学不收女生的城市里求得高深学问；也没有给她们什么神方，能够靠教半卢布一小时的课就很快地积蓄一笔财产。

天性慷慨的玛妮雅十分忧伤。这个原是一家中最小的孩子，却觉得对大于自己的人的前途负有责任。约瑟夫和海拉幸而不用她担心，那个青年即将成为医生，那个美丽而且性情激烈的海拉正在为要做教授还是做歌唱家而迟疑不决，她一面尽力地唱，一面获得文凭，同时拒绝一切人的求婚。玛妮雅生性要先人后己，布罗妮雅明显的焦心和沮丧，成了她时刻在念的忧虑。她忘了自己的抱负，忘了自己也迷恋那个希望之乡，也梦想走一千公里路到索尔本去满足她的求知欲，然后带着宝贵的行李回到华沙，在亲爱的波兰人中间，谦虚地从事教学工作。

她之所以如此关心布罗妮雅的事业，这是因为有一种比血统还要强的联系，使她亲近这个青年女子。自从斯可罗多夫斯基夫人去世后，布罗妮雅的友爱给了她像

阅读提示

从这里我们能深深地感受到姐妹之间的深情厚谊。

阅读提示

这意味着玛妮雅的第一份家庭教师工作失败，也反映出玛妮雅不同于其他女孩子的刚硬性格。

母亲一般的帮助。在这个很团结的家庭中，这两姐妹彼此最亲近。她们的天性真是相得益彰，姐姐的处事才识和经验令玛妮雅折服，所以日常生活的小问题无不拿去请教。比较热烈而又比较胆小的妹妹，是布罗妮雅年轻又非凡的伴侣，她有一种感恩的感觉，有一种负债的渺茫观念，因此她的爱更为深厚。

1885年9月的一天早晨，这个沉默寡言的青年女子，在一个职业介绍所的前厅里等着轮到她。她穿了她的两件衣服中最朴素的一件，在褪色的帽子底下，她那留了几个月的金色头发是尽力用发针扣紧的。女教师不能留短头发，女教师必须端庄、平常，外表要和一般人一样。玛妮雅在1885年12月10日写给她表姐亨利埃特·米哈洛夫斯卡的信中说："亲爱的亨利埃特，我们分手之后，我过的是犯人的生活。你已经知道，我找着了一个位置，是在律师B家里当教师。连我最恨的仇人我都不愿意叫他住在这样的地狱里！结果我和B夫人的关系变得十分冷淡，我甚至不能忍受下去，就对她这样说明了。因为她对于我也正如我对于她一样'亲热'，所以我们彼此极能了解。"

她生长在非凡的人们中间，她身边有三个拿到文凭和奖章的青年，他们和她一样，都聪明，都有生气，而且都热心工作，所以这个未来的玛丽·居里并不显得格外出色。在一个有限的范围中，过人的天赋很快就可以表现出来，可以引起惊讶和称赞。可是在这一家，约瑟夫、布罗妮雅、海拉、玛妮雅一起长大，彼此竞争着求学问，都富有能力和知识，当然没有人能从这些孩子中间的一个身上，看出伟大人物的征兆，没有人被她那初现的光辉所感动。

谁也没有想到，包括玛妮雅自己也没有想到，自己身上具备和兄弟姐妹不同的特质，当她将自己与家里的人做比较的时候，谦逊得几乎近于卑屈。但是在她的新职务把她引进一个资产阶级家庭的时候，她的优越性就光芒四射了。

她离开了B先生家中的家庭教师职位。1886年1月1日，玛妮雅在严寒中起程，这一天是她一生中的残酷日子之一。她勇敢地向她父亲告辞，又去普沙兹尼西附近的Z先生家当家庭教师。她上了火车。忽然间，一种莫名的孤寂感向她袭来。这个不满二十岁的女孩子，突然感到一种无助。玛妮雅坐在这列迟缓地移动着的车子里，即将远去异乡。胆怯和对未来生活的恐惧使她不安。假如这个新雇主还和从前那些雇主一样，该怎么办？若是在她走了之后斯可罗多夫斯基先生患病，可怎么好？她还能再看见他吗？她是不是做了一件很蠢的事？一个又一个令人痛苦的问题困扰着这个少女。她将身体靠近车窗，眼含泪水吃力地凝望着茫茫的夜色，在白雪覆盖下的沉静的土地飞快地向后移动。眼泪止不住地流，她不停地擦拭。

Z先生是个著名的农学家，精通新技术，管理200公

阅读提示

玛丽的好学精神再次体现了出来。

阅读提示

当家庭教师并不是玛妮雅的理想，玛妮雅在举目无亲的异乡只有以信件的方式向亲人朋友诉说苦闷。

项甜菜的种植。他拥有制糖厂的一大部分股票。和别的一些人家一样，这一家最关心的事就是工厂。玛妮雅关窗户的时候自己想："罢了！我的运气不算坏！工厂确实是不好看，可是也因为有了它这个小地方才比别处活跃。时常有人从华沙来，也有人到华沙去。制糖厂里有一个给工程师和管理员预备的小住所，并不讨厌，可以到那里去借杂志和书籍。"

"Z夫人脾气不好，但是并不是一个坏女人。她对待女教师不甚苛求，那无疑是因为她自己也当过女教师，而且她的好运气来得较快。她的丈夫很好，她的大女儿是一个天使，别的孩子还不至于叫人受不了。我应该认为自己的运气不坏！"一个孤独的年轻女教师可以写很多信，只求有回信，信里有城里的消息。岁月慢慢地流逝，玛妮雅按时对亲属叙述她拿工资的生活状况，在这种生活的卑微职责中，交替而来的是"伴侣"的钟点和尽义务的娱乐。

她写信给她的父亲，给约瑟夫，给海拉，给亲爱的布罗妮雅，她写信给中学的同学卡霁雅·普希波罗夫斯卡，她也写信给表姐亨利埃特。亨利埃特已经结婚，住在利沃夫，仍是一个激烈的"实证论者"。她坦率地把自己多虑的思想、自己的失望和希望，告诉她的表姐。

这个青年女子每天在泥泞的道路上遇到一些农民，一些衣衫褴褛的男孩和女孩，在他们那大麻纤维似的头

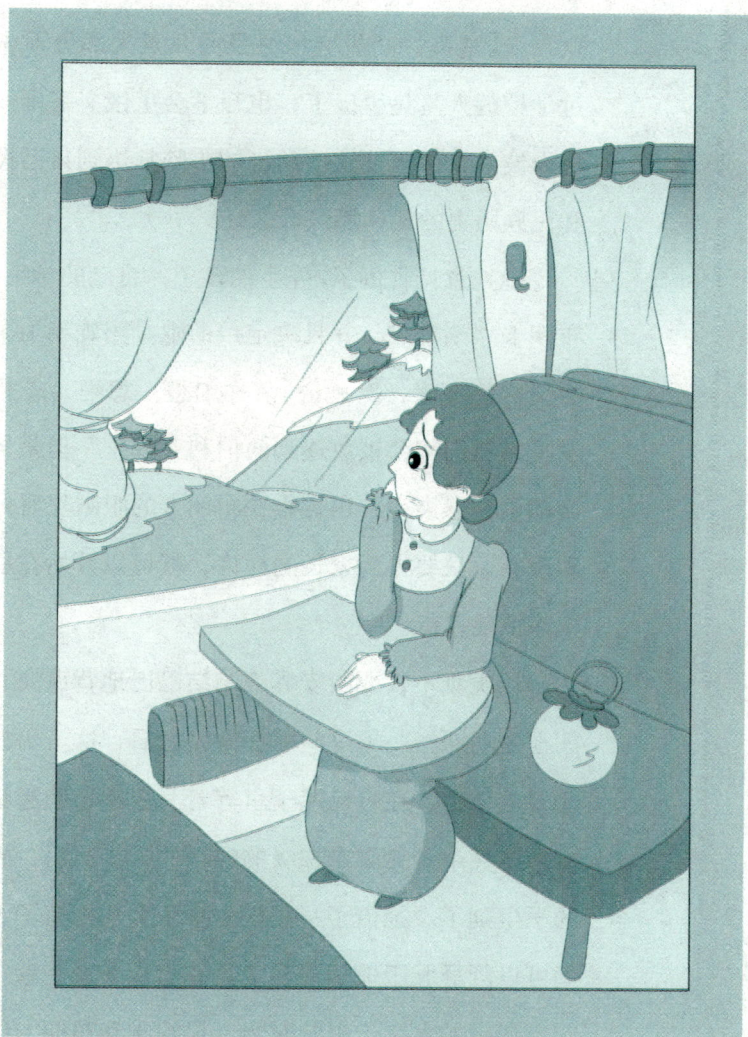

发下面，都是一张张顽钝的脸，她想起一个计划来。

为什么不把她认为宝贵的进步思想观点，在斯茨初基这个极小的天地里实行呢？去年她梦想过要"启发群众"，这是极好的机会！村里的儿童大部分不识字，进过学校的人真是少极了，也只学会了俄文字母。若是秘密设波兰文课，使这些幼稚的头脑觉悟到自己民族语言和民族历史的美，那该多么好！

她把意见告诉了Z先生的孩子，自己的学生布朗卡。布朗卡立刻赞成，并且决定帮助她。玛妮雅为了使她的热情冷静下来，对她说："你细想一想吧，若是被人告发了，我们都会被放逐到西伯利亚去！"但是勇气比什么都更有感染力，玛妮雅在布朗卡的眼睛里看到了热诚和决心。只要得到家长的允许，就可以开始在那些茅屋里谨慎地宣传。

玛妮雅不仅要听安霁亚结结巴巴地背课文，要教布朗卡做功课……等这些事都做完之后，这个勇敢的女子还要上楼去，在自己屋子里等着。楼梯上响起小靴子的响声，夹杂着赤脚走梯级的轻轻的脚步声后，她知道她的学生到了。她借了一张松木桌子和几把椅子，以便他们可以舒舒服服地学习写字。有七八个老实青年坐在这间石灰墙的大屋子里的时候，玛妮雅和布朗卡仅能维持秩序，并且帮助那些写字完全失败的学生。他们焦急得吸鼻涕并且喘气，拼不出一个难记的字来。这些都是仆人、农民、糖厂工人的子女，他们都围在玛妮雅周围。

他们身上有一股不很好闻的味道。他们当中有一些是不用心或愚顽的，但是他们大多数人的明亮眼睛里，都有一种天真的热烈愿望，希望有一天会做读书、写字这些神奇的事。她觉得这种微小的目的达到了，白纸上的黑字忽然有了意义，孩子们自负的欢呼，坐在屋子一头看上课的不识字的父母惊奇赞叹的目光，这些都使这个青年女子的心紧缩起来。她想到这些粗野的人里也许藏有天才。但当她面对这个愚昧的海洋，她觉得自己软弱至极，无能为力！

这些小农民绝不会料到"玛妮雅小姐"常常忧郁地考虑到他们自己的无知。他们不知道他们的教师梦想着再去当学生，不知道她不愿意教而愿意学。玛妮雅·斯可罗多夫斯基最希望能到法国去求学。法国的声誉使她着迷。法国珍视自由，法国尊重一切情操和信仰，而且欢迎所有不幸的和受迫害的人，无论这些人是由什么地方去的。

Z先生和夫人的长子卡西密尔，由华沙回到斯茨初基来度假，在几个长假期之后，他发现家里有一个家庭女教师，跳舞跳得极好，能划船，能滑冰，聪明娴雅，即兴赋诗能像骑马或驾车一样地不费事，她与他认识的青年女子不同——完全不同，不同得出奇！

他爱上了她。而玛妮雅，在革命观念底下藏着一颗容易感动的心的玛妮雅，也爱上了这个很漂亮而且不很讨厌的学生。她还不到十九岁，他只比她大一点，他们

名师点评

阅读提示

面对这些热切渴望的眼神，感受孩子们在自己的教育下体现出的小小变化，玛妮雅心中那种叫作责任感的东西开始冲击着她。

阅读提示

在这里让我们看到了玛妮雅对自由的渴望和对大学的执着追求。

阅读提示

爱情在玛妮雅的生命中萌芽，玛妮雅的少女情怀也开始蠢蠢欲动。

名师点评

阅读提示

这该是玛妮雅第一次体尝人情世故，在生活的磨砺中慢慢成长。

阅读提示

玛妮雅又开始经受人生的磨难，坚毅的她没有选择退却和抱怨。

计划结婚。看起来似乎没有阻碍他们结合的事情。

玛妮雅在斯茨初基虽然实际不过是"玛妮雅小姐"，不过是孩子们的女教师，但是所有的人都对她很亲切：Z先生和她一起在田野里长途散步，Z夫人爱护她，布朗卡崇拜她。Z家的人对她特别恭敬，他们有好几次请她的父亲、哥哥、奶奶到这里来。到她的生日，他们送她鲜花和礼物。因此卡西密尔不甚恐惧，差不多有把握地问他的父母是否赞成他和玛妮雅订婚。回答倒很快，父亲大发脾气，母亲几乎晕过去。他，卡西密尔，他们这家的孩子，竟会选中了一个一无所有的女子，选中了一个不得不"在别人家里"做事的女子！他很容易娶到当地门第最好而且最有钱的女子！他疯了吗？转眼之间，在这个一向自夸把玛妮雅当作朋友看待的人家里，社会界限竖立起来了，无法越过。

玛妮雅不能做出离开Z家的决定，她怕使她的父亲不安，而布罗妮雅的积蓄现在只不过是一个记忆中的东西，现在是玛妮雅和她的父亲供给布罗妮雅在医学院求学，她每月给姐姐寄十五卢布，有时寄二十卢布，这差不多是她的工资的一半。到什么地方还能找到这种待遇？她与Z家的人没有直接解释，没有痛苦的争论；那么不如忍受这次屈辱，留在斯茨初基，好像不曾发生什么事一样。恋爱的结果不幸，智力的梦想失望，物质的境况极其困难。玛妮雅试图忘记自己的命运，忘记自己永远陷进去的这个泥淖。她转向家里的人，不是请求他们帮助，也不是向他们诉苦。每一封信里她都尽量提出劝告，答应给予帮助。她愿意家里人都过上很好的生活。

斯可罗多夫斯基先生拿到养老金之后，开始设法找报酬高的职务。他想帮助他的女儿们。1888年4月，他接受了一个既讨厌又麻烦的位置：管理离华沙不远的斯图德西尼茨地方的一个儿童感化院。那里的空气和环境都令人不愉快，什么都不好，只是工资比较高，这个极好的老人从中提出一部分月薪，供布罗妮雅求学。布罗妮雅做的第一件事就是嘱咐玛妮雅不要再寄钱给她。第二件事是请她的父亲此后由每月寄去的四十卢布中留下八卢布，用来一点一点地归还她妹妹寄给她的那笔钱。从这时候起，玛妮雅的财产才由零开始增加……

这个医科学生写信，还由巴黎带来了别的消息。她正在工作，她的考试很成功，而且她正在恋爱！她爱一个波兰人，叫作卡西密卡·德卢斯基，是她的同学，品质很好，令人喜欢，唯一不方便的一点是政府不许他住在俄属波兰，他若回来，政府就要放逐他。玛妮雅在斯茨初基的工作，到1889年也即将结束，从圣诞节起Z家就用不着她了，她必须另找位置。这个年轻的家庭女教师已经有了一个位置在斟酌中，华沙大实业家之一F家请她去。这总算是一种改变，而玛妮雅是如此强烈地需要这样的改变！这是她初次也是末次遇到奢侈生活！夫人很优待她，所以这种接触并不讨

我的点评

名师点评

阅读提示

用侧面描写表现玛妮雅的出众和受人青睐的程度，让我们也不禁喜欢上了这个少女。

阅读提示

玛妮雅求学的道路一波三折，虽然家庭并没有给她优越的物质条件，却给了她浓厚的爱，这也使得玛妮雅在遇到任何困难的时候都没有选择放弃。

我的点评

厌。F夫人被这个"非凡的斯可罗多夫斯基小姐"迷住了，到处称赞她，并且要她参加所有的茶会，要她参加所有的舞会……

突然一声霹雳！一天早晨，邮递员送到一封巴黎来信。这封写在四方纸上的可怜的信，是布罗妮雅在解剖室里上两次课之间草草写的。这个高尚的女子提议请玛妮雅下一年到她的新家庭里去住！可惜布罗妮雅缺少解决这个问题的手段，她太穷了，没有力量为她的妹妹付旅费，不能强迫她的妹妹上火车。

后来，玛妮雅决定先履行F夫人家的聘约，再在华沙住一年。她要在父亲身边生活，她父亲在斯图德西尼茨的职务新近解除了。她可以教课，增加她的积蓄，然后再动身……

经过了乡间的蛰伏状态和F家的浮华纷扰之后，玛妮雅又回到她感到亲切的环境中：自己的家，老教师斯可罗多夫斯基先生就在身边，流动大学又对她打开了神秘之门。还有一件无上快乐的，也是极重要的事情：玛妮雅生平第一次进入了实验室！在克拉科夫大道66号，一个种着丁香花的院子的尽头，有一座两层的小建筑，只有极小的窗户透进光线。这个地方夸张地叫作"工农业博物馆"，这样虚夸而且含糊的名称，是专为哄骗俄国当局的一个外表，因为"博物馆"绝不会引人怀疑！在一个博物馆里教波兰青年学科学，谁也不会加以干涉……

玛妮雅的表兄约瑟夫·柏古斯基，是这里的领导人。到夜间很晚的时候，玛妮雅才遗憾地离开静电计、试管和精密天平，回到家里，脱去衣服，在她的窄床上躺下。但是她不能入睡。一种激动人心的兴奋使她睡不着，这种感觉是她从来不曾有过的。她长久以来不明确的使命，现在就像受到一种神秘的命令驱使那样呈现出来。这个青年女子突然感觉到迫不及待，感到烦扰。玛妮雅把"工农业博物馆"的试管拿在她那美丽的巧手里的时候，就神奇地又回到她童年时期的依稀的回忆中了：想到她父亲的那些物理仪器，那些总放在玻璃匣里不动，而且她总想拿来玩的东西。她已经重新结牢了自己的生命之线。

1891年9月，玛妮雅在喀尔巴阡山的察科巴纳度假，她要在那里与卡西密尔·Z会面。但是在察科巴纳，两个青年人在山中的两次散步中，已经进行了决定性的交谈。由于那个大学生又对玛妮雅吐露他已说过上百次的犹疑和恐惧，玛妮雅产生了厌烦。

1891年9月23日，玛妮雅由华沙向布罗妮雅写信，请求到巴黎去使精神恢复平衡。不久，被褥已经运走，箱子已经托运，这个旅行者还剩下一些各式各样的粗重包裹，这是她在路上的伴侣：三天在火车上的食物和饮料、坐德国火车时要用的折椅、书籍、一袋糖果、一床毯子……

❗ 品读·理解

　　本章主要描写的是玛妮雅在中学毕业后的生活。她不甘平庸，不断地汲取新知识，接触新世界，并为了自己继续深造的梦想努力地挣钱，于是有了两次就教经历。而在此期间，玛妮雅第一次知道了什么是爱情，也知道了生活是艰辛的。但是玛妮雅没有抱怨，依然坚强地面对生活中各种突如其来的困难。

❓ 感悟·思考

　　1. 玛丽毕业后是否知道做家庭教师的种种弊端？但是为何又选择了这个行业？

　　2. 在第一次任教期间，玛丽结识了一些什么样的朋友？给她带来了哪些影响？

第三章 巴黎岁月 [精读]

名师导读

　　玛丽来到巴黎，开始了人生当中的再一次求学之旅。她在索尔本大学取得了听课的权利，她学习刻苦，生活却异常艰苦，并因此导致身体贫血，常常晕倒。在大学的三年时间里，玛丽获得了物理和数学双学位，并以优异的成绩获得了奖学金。之后，玛丽是怎样做的呢？

　　玛妮雅刚刚在那浓烟弥漫的巴黎火车站下了火车，那种惯有的奴隶压迫感忽然离开了她，她的肩膀舒展了，心脏和肺叶都觉得舒服，呼吸到自由国度的空气，这在玛妮雅还是头一次。玛妮雅住进了布罗妮雅的家。因为她很兴奋，她觉得事事无不稀奇：在人行道上逍遥散步的人们能用他们愿意用的语言说话，是稀奇事；书店能不受限制地卖世界各地的书籍，也是稀奇事……而最稀奇的，乃是那些微微斜向市中心的平直大路引着她，走向一所大学敞开的大门。

　　这是一所多么著名的大学啊！这所最著名的大学，几世纪以前人们就把它形容为"宇宙的缩影"，路德说过："最著名、最杰出的学校是在巴黎，它叫作索尔

名师点评

阅读提示

　　长期生活在被统治压迫下的环境中，玛妮雅倍感压抑，如今来到巴黎，她尽情地享受着无处不在的自由气息，她的传奇经历将从这里开始。

名师点评

阅读提示

　　玛妮雅的心情是愉快的。此处的描写也正衬托了她的心情，一切都使她心醉，一切都那么美好。这是寄情于景的写作手法。

阅读提示

　　"一卢布一卢布"说明了她取得听课权利的不容易和她生活的艰辛，这使她更加珍惜学习的机会，努力向上。

本！"这次经历简直就是一个神话，那辆缓慢、颠簸而且寒冷的公共马车，无异于一辆魔车，正把这个可怜的金发公主由她的贫寒住处送到她梦里的宫殿去。这辆四轮马车走过塞纳河，周围的东西都使玛妮雅心醉：那条雾蒙蒙的河的两条支流，那些庄严而又优美的岛屿，那些古迹，那些广场，在左边的圣母教堂的那些塔。走上圣米雪尔大道的时候，驾车的马放慢了步伐，一步一步地走着。就是那里！到了！这个女学生拿起她的皮包，提起她那沉重的毛料裙子的裙褶，匆忙中，她不留意撞了邻座的一个人，她羞怯地用迟疑的法国话道了歉。

　　然后，由车顶急急走下梯级，到了街上，脸色紧张，向那座宫殿的铁栅跑去。这座知识殿堂中，在1891年的时候，样子很特别，六年以来索尔本一直在改建，现在像一条正在换皮的巨蟒。在那很长的、颜色很白的新正面后边，邻近黎塞留时代的老朽建筑的工地上，不断传出鹤嘴锄的撞击声。这种忙乱情况，使学生们的生活增添了一种别致的混乱。在工程进行中，由一个教室移到另一个教室上课。在圣雅克弃置的旧屋里，不得不设了几个临时实验室。

　　这个青年女子，用她一卢布一卢布积蓄起来的一点钱，取得了听课的权利。她可以由布告上的复杂时间表里列着的无数课程中，选她愿意听的课。她在那些"实验室"里有了自己的位置。那里有人领导，有人指导，她可以不必盲目摸索着运用各种仪器做简单试验了。玛妮雅现在是理学院的学生了。

事实上，她已经不再名叫玛妮雅，也不名叫"玛丽"了，她在入学注册单上是用法文写的玛丽·斯可罗多夫斯基。但是因为她的同学不会说"斯可罗多夫斯基"这个很难说的字，而这个波兰女子不肯让人随便叫她玛丽，她就很神秘地没有名字。一些年轻人在那个回音很响的走廊里，常常遇着这个女子，衣服穿得朴素寒俭，脸上神气沉静严肃，头发柔软而且光亮。他们都觉得惊讶，转过身来，彼此问着："这是谁？"回答总是空泛的："这是个外国人……她的名字简直没法儿念！……上物理课的时候，她永远坐在第一排……她不大说话……"那帮年轻人都用眼睛追随她，直到她那优美的身影消失在走廊里，然后说了一句结论："美丽的头发！"有很长的时候，索尔本的学生们，只认识他们这个不与人交往的同学的金色头发和斯拉夫式的脸庞。

但是，此刻这位青年女子对这些青年男子不感兴趣。她被几位严肃的先生迷住了，这些人的头衔是"最高学府的教授"，她要夺取他们的秘密。依照那个时代的可敬的规矩，他们上课都打白领带、穿黑礼服，衣服上总带着粉笔灰。玛丽就看着这些庄重衣服和灰色胡须过日子。

前天是李普曼先生的课，极有分量，极有条理。昨天她听布提先生讲课，他那像猿猴的头里装满了科学的宝藏。玛丽愿意听所有的课程，愿意认识那张白纸布告

名师点评

我的点评

阅读提示

运用神情描写和心理描写，并运用连续的反问句，将玛丽在体会科学时的喜悦心情刻画得十分动人。

阅读提示

通过这一细节描写，玛丽对科学的探索精神，便让我们深刻地感受到了。

上列着的23位教授。她觉得似乎永远不能满足她心里的焦渴。在开始几个星期里，她遇到了一些没有料到的障碍。她认为自己精通法文，她错了，常有整个句子因为说快了听不清楚。她认为自己受过充分的科学教育，能够轻易地跟上大学的功课；但是她在"普沙兹尼士附近斯茨初基"那个乡下地方独自进行的研究，与斯可罗多夫斯基先生通信得来的知识，在"工农业博物馆"里碰运气做的实验，都不能代替巴黎中学毕业生的扎实的教育。玛丽发现她在数学和物理学知识上有极大的缺陷，为了要得到她时时刻刻羡慕着的理学士的华贵头衔，她必须努力用功！

这天是保罗·阿佩尔讲课，解释很清楚，说法很别致。玛丽到得很早。这个波兰女子坐在凳子上，脸上带着赞赏的微笑，她那饱满的宽宽的前额下面，极浅的灰色眼睛发出幸福的光芒。怎么会有人觉得科学枯燥无味呢？还有什么东西比支配宇宙的不变定律更醉人？还有什么东西比发现这些定律的人类智慧更神妙？这些非凡的现象，以和谐的原则彼此联系，这种次序，表面上无次序而实际上有次序。与它们相比，小说显得多么空虚，神话显得多么缺乏想象力啊！

这个青年女子的灵魂中涌现一种冲动，要向那无穷无尽的知识前进，要向物质和物质的规律前进，只有爱的感觉能与她这种感觉相比拟。"我拿起太阳来，再扔出去……"听见一位安详庄严的学者说这样短短的一句话，以前那些年的挣扎和受苦都是值得的了。玛丽感到幸福极了。

玛丽热烈地投向新生活为她提供的一切。她如饥似渴地用功，并且发现有了同伴的愉快，发现大学学习造成的团结一致的愉快。但是她仍很羞怯，不敢与法国人结交，而只与自己的同胞为伍。这些贫穷的青年人组织聚会和圣诞夜餐会，一些好意的厨子会给夜餐做华沙菜：浅紫色的热巴尔什茨、蘑菇白菜、塞肉的白斑狗鱼、罂粟子糕、几杯伏特加、很浓的茶……还有戏剧表演，由一些业余演员表演喜剧和正剧。这些晚会的节目单是波兰文印的！用象征的图画做装饰：在白雪覆盖的原野上有一所茅屋，底下有一个顶阁，里面有个沉思的男孩在低头看书……末了是个圣诞老人由烟囱向一个实验室里倒科学书籍。前面是一个空钱袋，一些老鼠正在咬它……玛丽参加了这些庆祝。她没有工夫学扮演或在喜剧里担任角色，可是在雕刻家瓦斯科夫斯基举办的爱国晚会中，她被选为舞台造型《波兰打破枷锁》的主角。那天晚上，这个严肃的女学生成了一个没有人认识的女子。她穿了一件老式的衣服，周身垂着民族色彩的长纱，金色头发从她那斯拉夫式坚定的脸庞两边披下来，随意地垂在她的两肩。那些波兰亡命者，在这折纹重叠的石榴布料的衣裳里看见了他们民族的形象。

布罗妮雅家的一场家庭紧急会议决定，玛丽搬到拉丁区去住，靠近大学、实验室和图书馆。德卢斯基夫妇

阅读提示

"靠近大学，实验室和图书馆"，简短的一句话就让我们看出玛丽搬家的真正原因是为了更方便自己读书学习。她求学的态度不得不让我们佩服。

名师点评

阅读提示

从这里，我们可以想象得出玛丽与姐姐布罗妮雅之间的感情。

阅读提示

玛丽自动放弃主动供给她的食宿，做到只合一天三个法郎，体现出她坚强、严以律己的有原则性的一面。

坚持要借给这个青年女子几法郎，作为搬家费用。第二天早晨玛丽就开始找房，去看每一所出租的顶楼。她离开屠宰场区的住房，觉得很懊恼；这个地方的风景虽然很平庸，房子里却充满了温情、勇敢和善意。玛丽和卡西密尔·德卢斯基的感情像是兄妹，这种感情终身不变。玛丽和布罗妮雅之间，许多年前就已经产生了一种很伟大的精神：牺牲、忠诚、互助。

布罗妮雅正怀着孕，身体很沉重，仍然亲自捆扎她妹妹的一点可怜的所有物，把它们堆在一辆手车上，以便短途搬运。然后，卡西密尔和他的妻子又上了那著名的公共马车，由一辆马车的顶层换到另一辆马车的顶层，隆重地伴送"小东西"到她的学生住房去。她的生活实在也不得不像修道士的生活那样简单。玛丽自从自动放弃了德卢斯基家供给她的食宿，就不得不自己支付所有的费用。她把进款分成一小笔一小笔来支出，她有一点积蓄，她父亲给她每月寄来四十卢布。在1892年，一个异国女子怎么能够一个月只用四十卢布在巴黎过不太难堪的生活呢？这只合三个法郎一天，而她必须支付自己的衣、食、住、书籍、纸墨等费用，还须缴大学学费。这是亟须解决的问题，但是从来还没有一个问题是玛丽不能解决的。她有意地把分心的事都从日程中除去，不参加朋友聚会，不与别人接触。同样她断定物质生活毫不重要，认为这种生活并不存在。依据这种原则，她给自己安排一种斯巴达式的不近人情的奇趣的生活。

福拉特路，柏特华雅大道，佛扬替纳路……所有玛丽住过的屋子都同样便宜，同样不舒服。第一处是在一所带家具的破旧房子里，许多学生、医生、附近驻军的军官住在里面。后来这个青年女子要得到安静，便租了一个中产阶级家庭住房的顶楼，像是仆人的住房。她每月用十五或二十法郎找到那样极小的一间屋子，斜屋有一个天窗透进光线，而且由这个"鼻烟匣"向外望，可以看见一方天空。屋里没有火，没有灯，没有水。玛丽用她所有的东西布置这个地方：一张折叠铁床，上面铺着她由波兰带来的褥子，一个火炉，一张白木桌，一张厨房里用的椅子，一个脸盆；还有一盏煤油灯，上面罩着值两个苏的灯罩；一个水桶，她用来到楼梯平台的水龙头那里去装水；一个碟子大小的酒精炉，三年里她就用它做饭；两个碟子，一把刀，一把叉，一个汤匙，一个杯子，一个有柄平底锅；最后是一把开水壶和三个玻璃杯。德卢斯基夫妇来看她的时候，她就照波兰规矩，用这三个玻璃杯倒茶。

她接待客人的时候还是很殷勤的。她没有仆人，一天来一小时打扫屋子的女工费用，已远远超过她的支出预算。在琐碎的实用专长方面，她只会一件事——缝纫。玛丽不承认自己会冷会饿。她不去烧那装着弯曲烟筒的火炉，在写数字和方程式的时候，她不知不觉地手指渐渐麻木，两肩也颤动起来。

阅读提示

如此俭朴艰苦的生活条件，让我们不禁为玛丽的健康担忧。

我的点评

阅读提示

简短凝练的描述，将玛丽那种孜孜求学的精神一下子呈现给了读者。

有一碗热汤，有一块肉，她的体力就可以恢复；但是玛丽不会做汤！她不能用一个法郎再费半小时工夫去做肉片！她差不多没有进过肉铺，更不用说饭馆，那太贵了。

一连几个星期，她只吃抹了黄油的面包，喝茶；当她想打一次牙祭的时候，她就到拉丁区的一家小饭店去吃两个鸡蛋，要不然就买一块巧克力糖，或者一个水果。

这种饮食，使几个月前离开华沙时气色很好的健壮女子很快就患了贫血。她时常从书桌前一站起来就头晕，刚刚到床前躺下，就不省人事。醒过来的时候，她自问为什么昏过去，她觉得自己有病，但是她对于疾病也和对于别的事情一样，极为轻视。她一点没有想到，她是因为身体虚弱而晕倒的，也没有想到她唯一的病乃是饥饿。

她不向德卢斯基夫妇说这种生活。每次她去看他们，他们问她烹调手艺进步如何，问她每天的食谱，她总是以单音字回答。若是她的姐夫说她气色不好，她总坚持说是因为用功过度——事实上，她也确实认为这是唯一使她疲倦的原因。

然后，用一个表示不关心的手势，推开这些忧虑，开始和她的外甥女玩，这是布罗妮雅的女儿，她很爱这个小孩。可是有一天，玛丽在一个同伴面前晕倒了，那个女子赶紧跑到德意志路去。一小时后，卡西密尔登上

阅读提示

玛丽的身体完全是由于营养不良而导致的。此处把食物的营养补给比喻为药，恰到好处。

我的点评

楼梯，进了顶楼。这个青年女子，面色有点苍白，已经在读第二天的功课了。

他检查他小姨子的家，尤其注意察看那干净的碟子和空的平底锅，在全屋子里只找到一种食物：一小包茶叶。最后玛丽不得不说实话了：从前一天晚上起，她只啃了一把小萝卜和半磅樱桃。她用功到清晨3点钟，睡了四小时，就到索尔本去。她回到家里，吃完剩下的小萝卜，然后就晕过去了。二十分钟后，玛丽一口一口地咽下卡西密尔命令给她预备的"药"：一大块带血的烤牛肉和一盘油煎的脆马铃薯。好像奇迹一般，她的脸上有了血色。当晚11点钟，布罗妮雅亲自到她给妹妹放了一张床的屋子里去熄灯。几天工夫，因为吃得好，照顾得好，玛丽经过适当治疗，体力恢复了。然后，牵挂着快要举行的考试，她又回到了楼顶，答应他们说她从此懂事。

但是，第二天她又开始喝风过日子。一个学士学位是不够的！玛丽决定考两个学位：一个物理学学位，一个数学学位。她以前定的要求很低的计划扩大并且充实起来，其速度快得她都没时间、更没有胆量向斯可罗多夫斯基先生透露。这个好人正在焦急地等着她回波兰，而且是在渺茫地感觉不安，他养育大了这个独立自主的女孩，她服从与牺牲了许多年，现在毛羽一丰满就自己飞了。无论玛丽如何不爱交际，每天总不免要遇到一些人。有些小伙子对她很友善而且真挚。在索尔本，外国女子是很吃香的。这些贫苦女子差不多都是天才，她们由很远的地方来到龚古尔兄弟称作"学问的奶娘"的大学来，很引起法国青年的同情。这个波兰女子被笼络住了，她发现她的同伴大多数都是"苦学的人"——都尊重她，而且愿意对她表示亲切，甚至于愿意极端亲切……

玛丽一定很美，因为她的朋友迪金斯卡小姐有一天甚至于威胁着要用她的伞，打开那些围着这个女学生的过于殷勤的爱慕者！迪金斯卡小姐是一个很可爱的热情女子，自告奋勇充当了玛丽的护卫。这个青年女子让迪金斯卡小姐去抵御那些她不感兴趣的主动接近者，她自己则去接近那些不献殷勤并且可以一起谈功课的人。她在一堂物理课和一次实验中间，同那时已经是教授的保罗·潘勒维闲谈，同让·佩韩和查理·谋汉——法国科学界的两个未来领袖谈话。这种交情是疏远的，玛丽没有工夫结交朋友和谈情说爱，她爱的是数学和物理学……她的头脑很精确，智力惊人地清晰，没有任何"斯拉夫式"的混乱能破坏她的努力。支持着她的是一种铁石般的意志，一种求完善的狂热情趣，一种令人难以置信的固执。她有步骤地、耐心地达到她自己的目标。

1893年，她先得到了物理学学士学位；1894年，她又得到了数学学士学位。7月到了，激动、匆忙、可怕的磨难来了。在那几个折磨人的早晨，玛丽同三十个学生关在考场里，觉得神经紧张，字都在她的眼前跳动，有好几分钟工夫她不能读那与命运有关的题纸，不能认清一般考题和"讲义考题"的词句。考完之后，就是等候的日子，要按照成绩优劣，在梯形教室里宣读。玛丽挤在里面，与同考的人和学生家属混杂在一起，等候主考人进来，她一直被人挤着，推来推去。忽然安静下来了，她听见头一个念了自己的名字：玛丽·斯可罗多夫斯基。没有人猜想得到她的激动。她从同伴的贺喜声中脱了身，从人群中逃脱，跑远了。

　　现在假期已经开始，回波兰的时候到了，回家的时候到了。贫寒的波兰人回家，是有固定的规矩的，玛丽都一一遵行了。她把床、火炉、用具还有钱都存放在一个夏天在巴黎留着住屋的同胞那里。她退掉自己住的顶楼，在永远离开它之前，她把它完全打扫干净，向她不会再见到的守门妇告别；她买了一些预备在路上吃的食物，然后计算一下还剩多少钱，走进一家大商店去买一点小摆设和一条围巾……出国的人带钱回家是可耻的！伟大的习惯、最高的礼节、法律，都要人用完所有的钱给家里的人购买礼物，然后一文不带在巴黎北车站上车。这不是聪明办法吗？

　　两千公里之外，在铁轨的那一端，有斯可罗多夫斯基先生、约瑟夫和海拉，有一个家，有饿了可以任意吃饱的食物，还有一个女裁缝，只要花几个格罗齐就可以剪裁并且缝制衬衣和厚毛料衣服：这些衣服是玛丽11月回索尔本的时候要带去穿的！但是每次到了秋天，玛丽必然产生同样的忧虑：哪里去筹钱？怎样回到巴黎？四十卢布接着四十卢布，她的积蓄已经用完了；而且她一想到她的父亲为了要帮助她，连小小的享受都放弃了，就觉得十分惭愧。

到1893年，情形似乎是全无希望，这个青年女子差不多要放弃这次旅行了，这时忽然出现了一个奇迹。去年用伞保护她，使她不受爱慕者包围的那个迪金斯卡小姐，现在又给她一次更适当的保护。她确信玛丽的前途不可限量，在华沙用尽一切办法，替玛丽请求"亚历山大奖学金"，这种奖金是供给成绩好的学生在国外继续深造用的。六百卢布！够用十五个月了！玛丽虽然很知道如何替别人求助，自己却从来没有想到过要求这种补助，尤其没有勇气去办必需的手续。得到之后，玛丽觉得眩晕迷惑，赶紧向法国飞去。

亚历山大奖学金来得正好！玛丽刻意节省，试着使那六百卢布能多维持一些日子，以便在教室和实验室那种天堂里可以多留一段时间。

几年之后，全国工业促进协会约请她进行一项技术研究，她又同样刻意节省，从这第一次收入中省出六百卢布来，送交亚历山大奖学金委员会的秘书。这个秘书大吃一惊，因为委员会的记录中没有过这样的事情。

玛丽接受这笔奖学金的时候，是把它当作对她的信任的证据，当作信用贷款。在她那坚决的灵魂里，她觉得把这笔钱留得太久是不诚实的，因为这笔钱此刻也许

名师点评

可以成为另外一个贫寒的青年女子的救命稻草。

玛丽后来大概还认识到了别的快乐。这个永远钻研不息的学者从来不自满，不骄傲：她对她的贫寒引以为豪，对她独立生活于异域引以自傲。

她晚上在她那可怜的屋子里的灯下工作的时候，觉得她那还很渺小的命运，似乎已神秘地与她最为景仰的高尚生活联系起来了，她将成为过去的伟大的默默无闻的卑微者的同伴。

这英勇奋斗的四年，并不是玛丽·居里最快乐的日子，但是在她的眼里是最完美的日子，离她仰望的人类使命的极峰最近。一个人若是年轻而且孤独，完全专心于学问，虽然"不能自给"，却过着最充实的生活。

一种极大的热情使这个二十六岁的波兰女子能够无视她所忍受的贫困，能够安于她的贫贱生活。到后来，恋爱，生儿育女，做妻子和做母亲的忧虑，种种繁重的工作的复杂性，将把这个幻想者重新送进实际生活。但是在此刻这个有魔力支配的时期中，她虽然比以后任何时期都穷苦得多，却像一个婴儿那样无忧无虑。她轻松地在另外一个世界里翱翔，认为那是唯一的纯洁世界，唯一的真实世界！

在这样困苦的冒险中，绝不可能每天都是极好的日子，常有意料不到的事情突然发生，扰乱了一切安排，几乎无法补救。如不能克制的疲乏，需要治疗的短期疾病，此外还有别的不幸，而且是很可怕的不幸……仅有的一双底子有几个破洞的鞋子已经破烂不堪，不得不买新鞋。这就使好几个星期的预算被打乱，这一大笔开销不得不用尽方法弥补，在食物上节省，在灯油上节省。或是冬天比较长，七层顶楼上的冰冷，冷得玛丽不能入睡。她颤抖着，煤没有了……

但是这算什么？一个华沙女子会忍受不了巴黎的冬天吗？玛丽再点上灯，四周看看，打开那口大箱子，把所有的衣服都拿出来，能穿多少就都穿上，然后再钻进被窝里去，把其余的衣服——她的衬衣和替换衣裳都堆在被上。

可是，天气还是太冷，玛丽伸出手臂，拉过那唯一的一张椅子，提起来压在成堆的衣服上，给自己一种有重量和暖气的幻觉。她一动不动地等待进入梦乡。这时，水桶里慢慢结了一层冰。

❗ 品读·理解

　　这章主要介绍了玛丽的大学生活。她勤俭苦学，经历了生活中的种种磨炼，在艰苦的条件下学有所成，不仅获得了双学位，还获得了六百卢布的奖学金。

　　本章以玛丽的大学生活为主线，让读者了解到她整个人生中的一个重要时期，并从一点一滴的小事之中看到了玛丽人格中高尚、坚韧的品格。

❓ 感悟·思考

　　1. 玛丽赶到巴黎的时候是什么样的心情？她在大学里表现出了怎样与众不同的求学态度？

　　2. 玛丽后来为什么搬到拉丁区去住？在那里她的生活环境怎么样？她是怎样应对每个月四十卢布的艰苦生活的？艰苦的生活导致她的身体生了什么病？

第四章　爱的呼唤 [精读]

🎗 名师导读 🎗

　　毕业之后的玛丽去协会做研究工作，一次偶然的机会，她认识了一个三十五岁的物理学家——比埃尔·居里。本来对爱情失去信心的玛丽和苦于寻找"天才的妇女"的比埃尔·居里擦出了爱情的火花，经过几番周折，两人终于成为夫妻。第二年，他们的大女儿出生了。那么，居里夫人之后的生活是怎样的呢？

　　在玛丽的生活中，她没有给爱情预留什么位置。这不足为奇，这个生活困苦的年轻女子曾经经受过失恋的折磨并深感遭受屈辱，对爱情就不再抱有什么信心。而一个斯拉夫女学生为知识方面的抱负所激发，尤其容易决定放弃一般女子的义务、幸福和不幸，以便从事自己认为适合的事业。在所有的时代中，热烈希望成为大画家和大音乐家的女子们，对于恋爱、生儿育女、规范，都是轻视的。在玛丽的心中，有一个十分隐蔽严密的空间，这个空间被一种依恋科学的情感所充斥。对于自己的家庭的亲切感，对于受压迫的祖国的依恋，也在这个宇宙中占有地位。这就是她的全部感情！其余都微不足道。她独自住在巴黎，每天在索尔本和实验室遇见青年

名师点评

阅读提示

　　开篇就谈到玛丽·斯可罗多夫斯基关于感情的看法，直接将读者的注意力引到她的感情生活中，让我们期待她"白马王子"的出现。

阅读提示

一个转折句，给人以无限期待，期待玛丽爱情之树的萌芽。

阅读提示

从日记中所写的内容，我们可以推测出比埃尔·居里并不是对爱情完全没有憧憬，只是他所喜爱的女子还没有出现在他的生命中，也在冥冥之中等待着玛丽的出现。

男子，她已经这样决定了。她的梦想萦绕在她心头，贫苦折磨着她，大量的工作使她过度劳累。

而她的自尊心和羞怯保护着她，此外还有她的怀疑：自从Z先生家不愿意要她做儿媳妇，她就以为没有嫁妆的女子不能得到男子的忠诚和温情。这些美好的理论和痛心的回忆，使她意志坚强，使她坚持要保持独立。

一个天才的波兰女子过着枯燥的生活，与人世隔绝，把自己留给工作，这并不可惊；但是，一个法国人，一个天才的学者，竟会为这个波兰女子留下自己，不知不觉地在等着她，那就实在令人惊异了。

神奇得很，玛丽还在诺佛立普基路的住房里，梦想要到索尔本来求学的时候，比埃尔·居里已经在索尔本做出了几项物理学的重要发现。而由索尔本回到家里之后，比埃尔·居里竟在日记里写了这样几行伤感的话："……而热爱生命，妇女远远超过我们，所以有天才的妇女很少。因此，当我们受某种神秘的爱所驱使，要走上某种反自然的途径时，当我们要把全部思想用于某种工作，远离我们所接触的人类时，我们就必须与妇女战斗。母亲最希望保持有她对儿子的爱，即使他长成一个呆子，她也不顾；情妇要完全占有她的情人，觉得为一小时的恋爱而牺牲世界上最好的天才，也是一件当然的事。在这种战斗中，我们差不多永远不是她们的对手，因为妇女们有很好的于她们有利的理由：她们说是为了生命，为了天性，要试着把我们引回去。"

几年过去了，比埃尔·居里一直把身心都献给了科学研究，他没有娶任何不值一顾的或漂亮的女子。他已经三十五岁，他谁也不爱。他翻弄着他那搁了许久的日记，重读旧日所写的话，字迹已经褪色了，其中几个小小的字，充满了惋惜和莫名的忧伤，引起他的注意："……有天才的妇女很少。"

"我走进去的时候，比埃尔·居里正站在一扇对着阳台的落地窗前。虽然那时候他已经三十五岁，我却觉得他很年轻。他那富于表情的炯炯目光和他那修长身材的洒脱风度，给了我很深的印象。而他那略显迟缓而且审慎的言谈，他的质朴，他那既庄重而又活泼的微笑，让人信任。我们开始谈话，不久就很投缘。谈话的题目是一些科学问题，我乐于征询他对这些问题的意见。"这是玛丽后来用单纯而且略带羞涩的语句，描写他们在1894年年初第一次会面的情形。

事情起于一个波兰人。他叫科瓦尔斯基先生，福利堡大学的物理教授，同他的妻子旅居法国，玛丽以前在斯茨初基同这位夫人相识。这是他们的蜜月旅行，也是科学旅行。科瓦尔斯基先生在巴黎举行过几次讲座，并且参加物理学会的集会。他一到巴黎就打电话叫玛丽，并且友善地询问她的近况如何。这个女学生对他诉说她目前的忧虑，全国工业促进协会约请她研究各种钢铁的磁性。她已经在李普曼教授的实验室里开始研究，但是

名师点评

阅读提示

在这真实的日记当中，让我们感到了玛丽对比埃尔的好感，也为他们以后举案齐眉共同发展研究奠定了深厚的基础。

我的点评

名师点评

她必须分析各种矿物，并且收集各种金属的样品。这要用一种复杂的设备，而那个实验室已经太满，容不下她的设备。玛丽不知道怎么办，不知道在哪里做她的试验。

约瑟夫·科瓦尔斯基考虑了一会儿，对她说："我有一个主意，我认识一个很有才能的学者，他在娄蒙路理化学校工作，也许他那里能有一间供你支配的房间。无论如何，他至少可以给你出个主意。你明天晚上晚餐后到我们家里来喝茶。我请这个年轻人来，你也许知道他的名字，他叫比埃尔·居里。"这是平静的一晚。在那对青年夫妇的安静寓所里，立刻有一种好感，使这个法国物理学家和这个波兰女物理学家彼此接近。

比埃尔·居里有一种很特殊的魅力，这种力量来自他的庄严和温雅的洒脱风度。他的身材颇高，衣服剪裁得肥大，不甚入时，穿在身上宽大了些，可是显得很合适，无疑，他颇有天然的优雅。他的手很长，很敏感。他那粗硬的胡须使他端正而且很少变化的脸显得长一点；他的脸很好看，因为他的眼睛很温和，眼神深沉、镇静，不滞于物，真是无可比拟。

虽然这个人总是沉默寡言，从来不高声说话，却不能不使人注意到他所表现的才智和个性。在卓越的智力并不总是与道德价值结合在一起的文明中，比埃尔·居里差不多是唯一的表现性的典范，他既是一个有能力的人，又是一个高尚的人。他们的谈话起初很空泛，不久就成了比埃尔·居里和玛丽·斯可罗多夫斯基两个人之间的科学对话。

玛丽尊敬地问比埃尔一些问题，听取他的意见。他也叙述他的计划，描述那使他惊奇的结晶学的现象，他此刻正在探索它的规律。这个物理学家想到，用术语和复杂公式对一个女子谈自己喜欢的工作，而看见这个可爱的青年女子兴奋起来，能够了解，甚至于还正确、敏锐地讨论某些细节，这是何等稀奇……这是何等快乐啊！

他看玛丽的头发，看她那饱满的前额，看她那因为实验室中的各种酸和家务工作而受到损伤的手；她的娴雅对他充满诱惑，而毫不装模作样使她更显动人。他记起主人请他来和这个青年女子见面的时候，对他说过一些关于她的事："她在上火车到巴黎来之前工作了好几年，她没有钱，她独自在一个顶楼住着……"他问斯可罗多夫斯基小姐："你将永远住在法国吗？"自己也不大明白为什么会这样问。玛丽的脸上罩上了一层阴影，用她那悦耳的声音回答说："当然不。今夏我若能取得学位，就回华沙。我愿意在秋天回来，但是不知道能不能够。将来我要在波兰当教师，设法使自己有点用处。波兰人没有权利抛弃自己的祖国。"

科瓦尔斯基夫妇加入谈话，话锋就转向俄国压迫所造成的痛苦情况。这三个离乡背井的人追怀故土，交换他们的亲朋的消息。比埃尔·居里惊讶地听着玛丽谈她

名师点评

阅读提示

从比埃尔·居里的角度诠释玛丽·居里，看似是反语，实际上是在赞美她高尚的爱国思想。

的爱国责任，不知所以地觉得满意。他是个一心只想物理学的物理学家，他想象不出这个具有特殊天赋的青年女子，怎么会想到科学以外的事；而她的前途计划，怎么会是要用她的力量去抵抗沙皇政府。他愿意再和她见面。

他是一个有天才的法国学者，虽然在国内几乎默默无闻，但是已经深为国外同行所推重。1859年5月15日他生在巴黎的居维埃路，他是欧仁·居里大夫的次子，祖父也是医生。这一家原籍是阿尔萨西亚，是新教徒，原是不大的资产阶级人家，传过几代之后，成为知识分子和学者。比埃尔的父亲为了生活不得不行医，但是他极热心于科学研究，做过巴黎博物馆实验室里的助手，而且写过一些关于结核接种的著作。

比埃尔·居里十六岁就是理科业士，十八岁是理科学士，十九岁就被任命为巴黎大学理学院德山教授的助手，一直当了五年。他和他的哥哥雅克一起做研究工作，雅克也是一个学士，也在索尔本当助手。不久这两个青年物理学家就宣布发现一种重要的现象——"压电效应"，而且他们的实验工作使他们发明了一种有许多用处的新仪器，叫作压电石英静电计，能把微量的电流精确地测出来。

阅读提示

在这里，让我们看到了玛丽对比埃尔的激励是巨大的，说明了两个人之间的深情厚谊。

几个月过去了，随着彼此的尊崇、钦慕和信任的增长，友谊增加了，亲密的程度加深了。比埃尔·居里已经成为这个极聪明、极颖悟的波兰女子的俘虏，他服从

名师点评

她，听从她的劝告，不久就被她鞭策和激励得摆脱了自己的懒散，写出了有关磁性的著作，并且交出了一篇极好的博士论文。然而，玛丽相信自己是自由的，她似乎无意听这个学者不敢说出来的决定性的话。

有一晚，他们又聚会在佛扬替纳路的屋子里，这也许是第十次了。那时正在6月中，将近黄昏时候，天气很好。桌子上，在玛丽预备不久应考用的数学书籍旁边，有一瓶白雏菊花，这是比埃尔和玛丽一起出去散步时采回来的。比埃尔又有几次谈到将来，他请求玛丽做他的妻子，但是这一步却不利。嫁给一个法国人，永远离开自己的家，放弃爱国活动，抛弃波兰，在斯可罗多夫斯基小姐看来，这简直是一种可怕的叛国行为。她不能这样做，也不应该这样做！她已经出色地通过了考试，现在应该回华沙，至少去过夏天，也许永远不再离开。她答应与这个青年学者保持友谊——这已经不能使他满意了，此外，没有许下他什么，让他失望着，她上了火车。

他的心随着她走，他愿意到瑞士去会她，因为她的父亲到瑞士去接她，要同她一起在那里过几个星期，或者是到波兰——他极度地想到波兰去会她，然而这办不到……于是，他由远处继续写信请求她。在夏天几个月里，无论玛丽在什么地方——在克瑞塔兹、勒姆堡、克拉科夫、华沙，总有一些字迹很拙而且很孩子气的信，写在便宜的信纸上，发信地址是理化学校，送到她那里

阅读提示

玛丽与比埃尔志趣相同，但在最初的时候，他们的交往并不是很顺当，因为玛丽是一个有着高尚的爱国情操的人，她在此时选择了离开他。

阅读提示

沉稳、庄严、不善言辞的比埃尔·居里在纯粹的爱情面前也变得像孩子一样可爱。

去，试着说服她，引她回法国，告诉她比埃尔·居里在等她。

10月了，比埃尔·居里心里满怀幸福——玛丽已如约回到巴黎。人们在索尔本的课堂和李普曼的实验室里又看见了她。不过这一年，她相信是她在法国的最后一年——她不再住在拉丁区了。布罗妮雅在沙透敦路39号开设了一个诊所，给了玛丽一间与诊病室接连的房子。因为德卢斯基一家住在拉维垒特路，布罗妮雅只白天到这里来，所以玛丽可以安静地工作。在这所阴暗而且有点郁闷的住房里，比埃尔重复提出他那柔情脉脉的要求，他的倔强并不亚于玛丽，只是方式不同！他和他的未来的妻子有同样的信念，只是更加完整，更加纯洁，毫无混杂成分。科学是他的唯一目标。他把感情的活动与思想上的主要愿望融合在一起，所以他爱的经历是奇特的，几乎令人难以置信。这位学者倾心玛丽是受到爱情的驱使，同时也是出于更加高尚的需要。

玛丽对布罗妮雅谈到她的迟疑，谈到比埃尔对她提出的自己移居国外的建议。她觉得没有接受这种牺牲的权利，但是比埃尔竟会有这种念头，使她大为不安。比埃尔知道这个青年女子对德卢斯基说到他了，就试图从这方面发动新的攻势，他遇见过布罗妮雅几次，就自己去找她，争取到了布罗妮雅的全面支持。他请她和玛丽到梭镇他的父母家里去。居里大夫的夫人把布罗妮雅引到一旁，用恳切动人的语调请她在她的妹妹跟前出力

阅读提示

作者通过玛丽给朋友的书信，表明了两个人历经波折的爱情终于有了归宿，两颗心也走到了一起。

阅读提示

两位学者的爱情和他们的生活一样具有朴素之风，不矫饰，洋溢着自然之美，让人不禁向往。

成全。

还需再过十个月，这个固执的波兰女子才肯答应和他结婚。玛丽写信给她的朋友卡霁雅，把自己的重大决定告诉她："等你收到这封信的时候，你的玛妮雅已改姓了。我将与去年我在华沙对你谈到的那个人结婚，从此不得不永居巴黎，我觉得很难过，但是有什么办法呢？命运注定我们彼此很深地依恋着，注定我们不能分开……"

比埃尔到玛丽的住所去接她。她们需在卢森堡车站乘车到梭镇，他们的父母都在那里等他们。他们在灿烂的阳光之下，坐在公共马车的顶层上，走过圣米雪尔大道。走过索尔本的时候，在大学理学院门口，玛丽把她的伴侣的胳膊握得更紧一点，且看到他的眼神是那么明亮，那么平静。

比埃尔和玛丽的共同生活，在开始的日子里是很别致的……他们骑着有名的自行车，在法兰西岛区的路上漫游；用载物架上的皮带紧紧捆了几件衣服，因为那一夏多雨，还不得不买两件胶布长斗篷；他们坐在树林中空地的苔藓上，吃一点面包、干酪、梨、樱桃当作午餐。每晚随便到一个陌生的客店里去投宿，在那里他们能喝到很浓的热汤；他们独处于田野之夜的虚假的沉寂中，时常有远处的犬吠、鸟的低鸣、猫的狂叫和地板的引人注意的吱嘎声冲破这种沉寂；他们想探查丛林或岩石时，就暂时中止自行车旅行，而去散一次步；比埃尔极爱乡村，毫无疑问，他的天才需要这种安静的长久散步，散步的平均节奏有利于他进行思考。

1895年夏天的几次旅游——"新婚旅游"，比他以前的旅游更甜蜜，爱情增加了这些旅游的美丽，并且加强了他们的乐趣。这一对夫妇只花几法郎付村里的房钱，踩几千下自行车的脚蹬，就可以过几天几夜的神仙生活，就可以享受只有两个人在一起的宁静的快乐。快到8月半的时候，这一对夫妇在商提宜附近一个别墅里住下了。这个别墅也是布罗妮雅发现的，她把这个幽静的住处租了几个月。同比埃尔和玛丽一起住在这里的，还有老德卢卡夫人、卡西密尔、布罗妮雅，以及他们的女儿艾兰娜——绰号叫"禄"。

斯可罗多夫斯基教师和海拉已经延长了留在法国的期限，也住在这里。这所颇有诗意的房子，藏在树林中，与外面隔绝，树林里满是野鸡和野兔，地上盖满了铃兰花的叶子，真是可爱极了。而住在里面的两个民族、老少三代人的情谊，也真是好极了……比埃尔·居里得到了他的妻族的永久的爱慕。他同斯可罗多夫斯基先生谈科学，同小"禄"很严肃地交谈，小"禄"刚三岁，好看、滑稽、愉快，所有的人都喜欢她。居里大夫和夫人有时由梭镇到商提宜来看他们，大桌子上就又添了两份餐具，话谈得很热烈，由化学说到医学，再说到儿童教育，由社会思想泛论到法兰西和波兰的一般观念……

名师点评

阅读提示

两个互相爱着对方的人即使过很简单的生活，也会感到无比幸福，比埃尔和玛丽正是这样。

阅读提示

结婚是比埃尔·居里和玛丽·居里得以忙里偷闲的一个机会，空气中也充溢着温馨愉悦的气息。

　　这对新婚夫妇在10月搬到格拉西埃尔路24号去住，这所住房很不舒适，唯一可爱之点，乃是从窗户望去，可以看见一座大花园的树木。

　　玛丽和比埃尔根本就不去装饰这三间小屋子。居里大夫提议给他们几件家具，他们不肯要；因为添一件长沙发或一把扶手椅，每天早晨就多一件东西要掸灰尘，在大扫除的日子就多一件东西要擦亮，玛丽办不到，她没有工夫！再说，长沙发和扶手椅有什么用处？这两个人已经商量好不请人聚会也不接待宾客。若有讨厌的人爬上五层楼，要到这个小巢来扰乱这对夫妇的生活，走进这间四壁萧然、只有一个书橱和一张白木桌的夫妻工作室，一定会很扫兴。桌子一头是玛丽坐的椅子，另一头是比埃尔坐的椅子，桌子上是一些物理学的专门书籍、一盏煤油灯、一把花，此外别无他物。即使最大胆的客人，看见那两张椅子没有一张是给他预备的，看见比埃尔和玛丽的客气而含着惊讶的目光，也只好快逃……

　　一天八小时进行科学研究，两三小时料理家务，这还不够；到了夜晚，玛丽·居里在账簿中的"先生费用"和"夫人费用"两个堂皇的栏目下面记上每日支出，然后坐在白木桌的一端，专心预备大学毕业生的职业考试。比埃尔在煤油灯的那一边，埋头制定他在理化学校的新课程的教学大纲。婚后第二年，除了玛丽因怀孕而感到不适外，健康状况与第一年没有什么不同。居里夫人愿意有个小孩，可是这样难受，不能照旧不知疲倦地在仪器前研究钢铁的磁化作用，真是使她烦恼。

她在9月12日生了女儿伊雷娜，一个美丽的孩子，一个未来的诺贝尔奖金获得者！居里大夫负责助产，玛丽咬紧了牙关，不哼一声。这次分娩没有怎么声张，也没有多费钱。在账簿上看到，9月12日那一天在特殊费用项下记着："香槟酒，3法郎。电报，1法郎10生丁。"在疾病项记着："医药和看护，71法郎50生丁。"居里一家在9月中的总支出是430法郎40生丁。支出增加了，玛丽在430法郎这个数目底下，画了两条很粗的线，表示愤慨。

不久，玛丽遵照医生的明确嘱咐，不再给她的女儿喂奶；但是她在早晨、中午、晚间、夜里仍替伊雷娜换衣服、洗澡、穿衣服。乳母带着小孩在蒙苏利公园散步的时候，这个年轻的母亲正在实验室的仪器前面忙碌，并且起草她的磁化研究报告，后来在《全国工业促进协会报告书》上发表。玛丽·居里的第一个孩子和第一次研究成果，同年出世，相隔仅三个月……

这个波兰女子在1891年11月的那天早晨，带着几个包裹，坐三等车到了巴黎北站。从那时候起，她走了多么远的路啊！她经过了大学学习阶段和结婚、生女儿……玛妮雅·斯可罗多夫斯基发现了物理学、化学和妇女的全部生活。她战胜了大小阻碍，而从来没有想到，她所完成的事业需要无比的坚韧，需要过人的勇气。这些斗争和这些胜利使她身体上发生了改变，把她塑成了一个新的面貌。看玛丽·居里刚过30岁的时候照的相片，不能不感动：以前那个健壮而且略显矮胖的女孩，已经变成一个清灵的妇人。有人想说："这是一个多么动人、奇特而且美丽的妇人啊！"但是不敢说出口，因为她那极饱满的额部和向另外一个世界望去的眼光，会镇住他。

居里夫人与荣誉有约会。她使自己变得很美。

品读·理解

本章主要描述的是玛丽·居里感情生活的蜕变，她从一个不谙世事的刚走出校园的姑娘变成居里夫人，之后又成为孩子的母亲。

本章体现了居里夫人对科学的执着追求和不离不弃，她在分娩后的短短三个月内，就有了研究成果，这就是很好的证明。

感悟·思考

1. 用简练的语言概括比埃尔·居里是怎样的一个人。并说说他在科学上有什么成就？他和玛丽之间的相处顺利吗？最后他是怎样打动玛丽使其留在巴黎的？

2. 玛丽和比埃尔·居里结婚之后是以什么样的方式度过新婚蜜月的？之后，他们选择了什么样的生活？为什么他们的居室那么简陋，表现了他们怎样的品质？

第五章　镭的研究 [精读]

🎐 名师导读 🎐

居里夫人分娩之后，就开始投入工作，她受到法国的亨利·柏克勒尔发现了铀的放射性的启发，开始研究放射性元素。居里夫人与丈夫一起努力，经过四年的时间发现了两种新的放射性元素：钋和镭。又通过四年的时间提炼出了纯镭，证实了镭的存在。而之后，居里夫人获得了物理学博士学位。那么，在这段时间里，还发生了什么让居里夫人刻骨铭心的事呢？

这个年轻的妻子料理家务，给她的小女儿洗澡，并且把平底锅放到火上……而在理化学校的那个简陋的实验室里，这个女学者又做出了近代科学史上最重要的发现。

两个学士学位，考取大学毕业生在中等教育界任职的文凭，一篇回火钢的磁化作用专论，这些是玛丽到1897年年底的活动总结。分娩后刚刚复原，她就回去工作。按照合乎逻辑的发展次序，她的事业的下一步，当然是考博士学位：为了这一件事，她踌躇了好几个星期。

她必须选一个能充分发挥的新颖的研究题目。玛丽细读物理学方面最新的著作，想找出一个论文题目。在

名师点评

阅读提示

尽管结婚生子的居里夫人对家庭尽职尽责，却没有因为家庭责任而放弃对科学的不懈追求。

讨论这个重大问题的时候，比埃尔的劝告很重要。他是玛丽的实验室主任，是她的"保护者"，而且他的年纪比较大，经验也丰富得多。在他身边，玛丽认为自己有点像个学徒。她像一个计划走远路的旅行者，这个旅行者低头看着世界地图，发现遥远的国度里有个奇怪的地名激发了她的想象力，便忽然决定到那里去，而不到任何别的地方去。

　　玛丽翻阅最近的实验研究报告，注意到一个法国物理学家亨利·柏克勒尔前一年发表的一些著作。比埃尔和她已经看过这些著作，现在她再读一遍，用她习惯的谨慎态度加以研究。

　　自从伦琴发现X射线之后，亨利·普安加瑞就有意研究与X射线类似的别种射线是否是"荧光性"物质在光的照射下放射出来的。亨利·柏克勒尔也注意同样的问题，他观察到了一种"稀有金属"——铀盐，但是没有得到他预测的现象，却观察到另外一种完全不同并且不可解释的现象：铀盐自发地放射出一种性质不明的射线，不必先受光的照射。把铀的一种化合物放在黑纸包的照相底片上，它可以透过黑纸使底片感光。这种奇怪的"铀"射线和X射线一样，能把周围空气变为导电体，使验电器放电。

　　亨利·柏克勒尔肯定这种特性并不取决于预先的日光照射，因为把铀的化合物放在黑暗中很久，这种特性依然存在。他发现了后来被玛丽·居里叫作放射性的现象，但是这种放射性的来源还是一个谜。柏克勒尔发现的射线引起了居里夫妇极大的兴趣。铀化合物不断地以辐射形式发出来的极小能量，是从哪里来的？这种辐射的性质是什么？这是极好的研究题目，极好的一篇博士论文！

因为这个题目还是个未经开发的领域，对玛丽更有吸引力。柏克勒尔的著作是新的，据她所知，欧洲所有的实验室中还没有人深入研究铀射线。全部关于这个题目的书籍，只有亨利·柏克勒尔在1896年提交科学院的几篇学术报告，玛丽只能以此为研究出发点。这样大胆地去从事一种冒险，进入一个未知的领域，是令人兴奋的！

剩下的问题只是要找个地方，使玛丽能进行试验，而困难就从这里开始。比埃尔向理化学校的校长请求了好几次，得到了一个很一般的结果：玛丽可以自由使用一间在学校大楼底层装有玻璃的工作室。这是一间贮藏室和机器房，狭小局促，潮湿得冒水，技术设备很简陋，舒服更谈不上。这个青年妇女并不气馁。虽然没有专用的电气设备，也没有开始科学研究所需的一切材料，她仍找到了办法能在这间陋室里运用她的仪器。这很不容易。

精密仪器有许多阴险的仇敌——潮湿和温度的变化。这间小工作室的气候对于灵敏的静电计是致命的，对于玛丽的健康也颇有妨害……不过这无关紧要。这个

名师点评

阅读提示

正是因为居里夫人有了这种大胆创新、刻苦钻研的精神，才有了科学史上的重大发现。

阅读提示

在这样糟糕恶劣的环境下，居里夫人仍能安心地工作，体现了她高度的自我牺牲精神，她的这种执着精神也是非常人所能及的。

女物理学家觉得太冷的时候，就在她的工作笔记本上记下摄氏温度计指明的度数，作为报复。在公式和数字之间，1898年2月6日的记载是"温度六度二十五分"。六度，这真是太低了！玛丽加上了十个小惊叹号，表示她的不满。

这个博士应考人第一关心的是测量铀线的"电离能力"，即铀射线使空气变为导电体并使静电计放电的能力。她所使用的那种极好的方法，原是她熟悉的两个物理学家——比埃尔和雅克·居里以前为研究别种现象而发明的。玛丽用的设备由一个"电离室"、一个居里静电计和一个压电石英静电计组成。几星期后有了初步结果：玛丽断定这种惊人的辐射的强度与检查过的化合物铀的含量成正比。这种辐射，可以精确测量，不受化合情形或外界环境——"照度"或温度的影响。这些发现外行人并不觉得有什么了不起，但是对于学者们却有极大的吸引力。

物理学上常有一种不可解的现象，经过几次研究之后，却可以归入以前已知的定律，这么一来研究者也就立刻失掉对它的兴趣！玛丽的研究绝不是这样。她越深入研究铀射线，越觉得它不寻常，具有一种未知的性质，同任何东西都不相像，也不受任何东西影响。虽然它的能量很弱，却有一种特殊的"个性"。

她对这种奥秘反复思考，追求真相，同时加快步伐，不久就确定这种不可解的辐射是一种原子的特性。

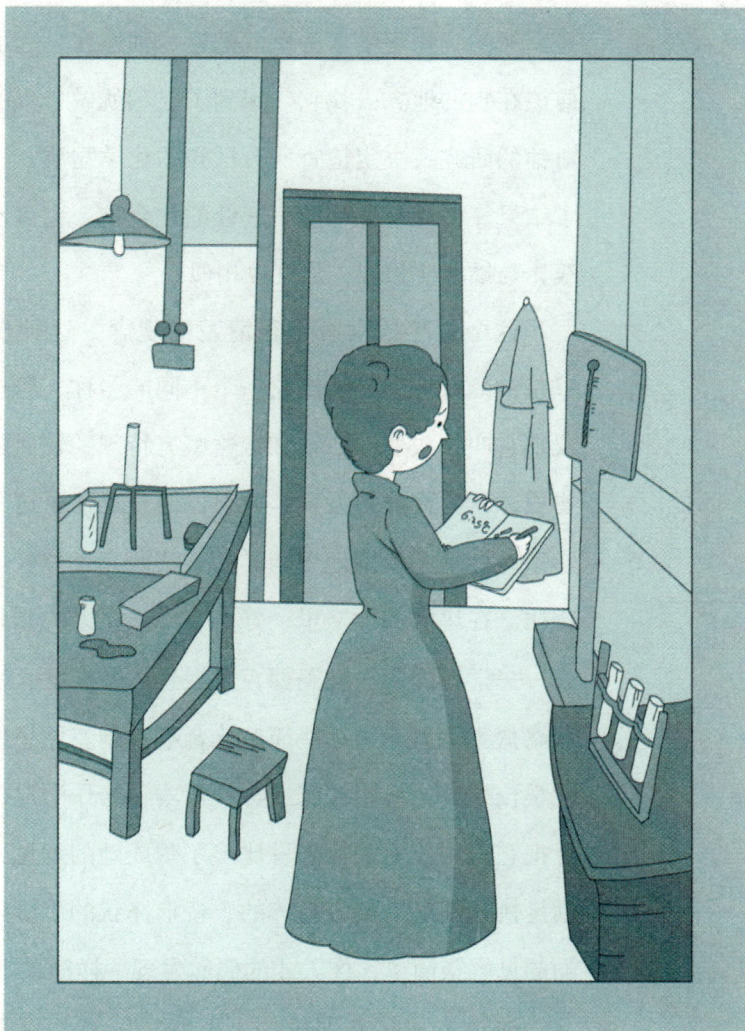

名师点评

阅读提示

　　居里夫人善于思考、对比的个性决定了这场研究得以深入并有所成就。

我的点评

- - - - - - - - -

- - - - - - - - -

- - - - - - - - -

- - - - - - - - -

- - - - - - - - -

- - - - - - - - -

- - - - - - - - -

阅读提示

　　居里夫人虽不是这种发现的第一人，但是她却是付诸行动的第一人，她拥有的不仅仅是好奇心，更是毅力。

　　她又自问：虽然只观察到了铀有这种现象，但是没有什么理由可以证明铀是可发出射线的化学元素。为什么别的物质却没有同样的能量呢？射线先在铀里发现也许是偶然的，物理学家心里就把它与铀连在一起了，现在应该在别的地方去找它。想到了立刻就做！玛丽扔下了对铀的研究，决定检查所有已知的化学物质，不久就有了结果。另外一种物质——钍的化合物，也自发放出射线，与铀射线相似，强度也相似。

　　这个青年妇女有了很清楚的观念，这种现象绝不只是铀的特性，必须给它一个不同的名称。居里夫人提议把它叫作放射性。铀和钍这些有特殊"辐射强度"的物质，就叫作放射元素。放射性简直迷住了这个女物理学家，她毫不疲倦地用同样的方法研究各种极不相同的物质。在玛丽的性格里，好奇心——女人的非凡的好奇心——学者的第一种美德，发展到了最高度。她不限于观察盐类和氧化物这些简单化合物，她忽然想要把在理化学校采集的矿物加工成各种标本，当作消遣，用静电计把它们用于海关检查。比埃尔赞成她的意见，并且帮助她挑选硬的、最容易碎的、奇形怪状的矿脉碎片。玛丽的见解很简单，像天才的偶然发现一样简单。

　　居里夫人站在那里的十字路口，有几百个研究者曾经停留过许多月或许多年。他们检查所有已知的化学物质之后，像玛丽一样发现了钍射线，仍继续无结果地自问这种神秘的放射性是由哪里来的。玛丽也是这样自问，也觉得惊异，但是她的惊异转化成了有结果的行动，她已经用尽所有明显的可能性，现在要转向深奥的、未知的东西。她先就知道，或者更确切地说她以为自己知道检查矿物的结果是什么：不含铀或钍的标本，一定显得完全"不放射"；含铀或钍的矿物，一定有放射性。事实证明了这种预料。玛丽抛开那些不放射的矿物，专心研究其余的矿物，并且测量它们的放射性。

测量中有了一个戏剧性的发现：这种放射性的强度，比通常根据其中铀或钍的含量预计的强度大很多！这个年轻的妇女想："这一定是试验的错误……"学者们对于出乎意料的现象的第一个反应，总是怀疑。

玛丽毫不动摇地重新开始测量，用同样的产物，重复测量了十次、二十次。她不得不承认这个事实：在这些矿物中的铀和钍的含量，决不能解释她观察到的这种异乎寻常的辐射强度。这种反常的而且过度的放射性是哪里来的？这只能有一种解释：这些矿物一定含有少量的一种比铀和钍的放射性强得多的物质。但是，这是什么物质？玛丽在以前所做的试验中，已经检查过所有已知的元素了。

这个女学者以极伟大的心智所特有的把握和极大的勇气，回答了这个问题。她提出了一个很大胆的假定：这些矿物一定含有一种放射性物质，它是今日还不知道的一种化学元素——一种新物质！玛丽的直觉告诉她自己，这种未知的物质一定存在，她也已经宣布了它的存

我的点评

阅读提示

居里夫人同样拥有研究科学所必须具备的怀疑精神，她就是这样一个不凡的女子。

阅读提示

比埃尔·居里的加入使得居里夫人的研究进程锦上添花，也给后人留下了一段不朽的佳话。

阅读提示

居里夫妇耐心地研究，勤奋地工作，但工作也有意外发生。由此看出，坚韧执着的精神在研究中的重要性。而居里夫妇最后的成功也正说明了他们具有这种精神。

在；但是她还须打开它的秘密。现在她必须以实验证实假定，必须把这种物质分离出来，必须做到能够公布："它在这里，我已经看见它了。"

比埃尔·居里热切地关注他妻子的实验的迅速进展，他虽然没有直接加入工作，可是时常以他的意见和劝告帮助玛丽。鉴于所得到的结果的惊人重要性，他决定暂时停止自己在结晶体方面的研究，把他的力量用来与玛丽一同找寻这种新物质。现在奋斗的力量加了一倍，在娄蒙路的潮湿的小工作室里，有两个头脑、四只手在找寻那种未知的物质。

从此以后，居里夫妇的工作中就不可能辨别哪一部分是哪一个人的成绩了，玛丽在选铀射线为论文题目时，发现了别种也有放射性的物质。她在检查一些矿物之后，已经能够宣布有一种新的化学元素存在，它的放射性很强。这个结果的重要性，已经驱使比埃尔·居里中止了他自己的完全不同的研究，而和他的妻子一起来离析这种元素。他们从1898年5月或6月开始合作，持续八年，直到突然发生了一件致命的意外事件，才残酷地破坏了这种合作。

居里夫妇在含铀的一种矿石——沥青铀矿里找寻这种"放射性很强的物质"，发现未经炼制的沥青铀矿的放射性，比其中所含纯二氧化铀的放射性强了四倍；这种矿石的成分已经精确地知道了，那么这种新元素的含量一定很少，所以一直到当时学者们还没有注意到，严密的化学分析也没有发现它！真正的物理学家在两种可能性中，总是采取不甚吸引人的一种。比埃尔和玛丽就是这样，据他们的"悲观的"计算，这种新物质在矿石中的含量，至多不过百分之一。他们想这是太少了……如果他们知道这种未知的放射性元素，在沥青铀矿里的含量只不过百万分之一，他们是何等沮丧啊！他们耐心地开始探索，用的是他们根据放射性发明的一种方法：他们先依照化学分析的普通程序，把组成沥青铀矿的各种物质分开，然后逐一测量所分开的物质的放射性。连续淘汰几次之后，他们渐渐能够看出来那种"反常的"放射性，是隐藏在这种矿石的某几部分中。他们的工作愈向前进展，探索的范围就愈缩小。这正是警察使用的方法，他们总是把一个地区中所有各点逐一搜查，以期找到罪犯的踪迹并加以逮捕。但是，这里面不只是一个罪犯，放射性主要集中于沥青铀矿的两个化学部分里面。居里先生和夫人认为这是有两种不同的新物质存在的迹象。

到1898年7月，他们已经可以宣布发现了这两种物质之一。比埃尔对他的年轻的夫人说："你应该给'它'定一个名字！"这个原叫玛丽·斯可罗多夫斯基小姐的物理学家，默默地想了一会儿。她的心转向那已经从世界地图上消失了的祖国，她隐隐约约地想到，这件科学大事将会在俄罗斯、德意志、奥地利等压迫者的国家发表，于是她想把这种元素定名为"钋"，因为"钋"元

阅读提示

　　玛丽是一个爱国的人，也是一个执着的人。当她已经成为一个法国人的时候，她也并没有忘记自己的祖国、忘记自己青年时期的热情。这些都可以看出她的高尚品德。

阅读提示

　　这一科学史上的前所未有的重大发现，多么激动人心啊！

素的名词polonium的词根与波兰国名的词根相同。在1898年7月科学院的《论文汇编》里，人们读到下面这一段："我们相信我们从沥青铀矿中提取的物质，含有一种尚未受人注意的金属，它的分解特性与铋相近。如果这种新金属的存在确定了，我们提议把它定名为钋，这个字来源于我们之一的祖国的国名。"

　　这个名称的选定可以证明，玛丽虽然已经成了一个法国人和物理学家，但并没有背弃她青年时期的热情。还有一件事可以证明这点：她提交科学院的文章《论沥青矿中所含的放射性新物质》还没有在《论文汇编》上发表之前，玛丽已经把原稿寄回祖国一份，交给她从前做初步试验的工农业博物馆的实验室主任约瑟夫·柏古斯基。差不多在巴黎发表的同时，这篇文章在华沙的一个叫作《斯维阿特罗》的画报月刊上发表了。

　　玛丽和比埃尔·居里，还有一位合作者G·贝蒙一同给科学院写报告，在1898年12月26日会议的《论文汇编》上发表。这篇报告宣布沥青铀矿里有第二种放射性化学元素存在。

　　下面是这篇报告里面的几行："上述各种理由使我们相信，这种放射性的新物质里含有一种新元素，我们提议给它定名为镭。这种放射性新物质的确含有很大一部分钡，虽然如此，它的放射性仍是很可观，足见镭的放射性一定是大极了。"钋和镭的特性推翻了几世纪以来学者们相信的基本理论。

这些放射性物体的自发放射如何解释？这种发现动摇了全部已得的概念，并且与已经根深蒂固的物质观念相反。因此，物理学家要保持谨慎态度，他们对于比埃尔和玛丽·居里的工作极感兴趣，但是还要等得到决定性的结果之后，再表示意见。化学家的态度甚至更不含糊。依照定义，化学家对于一种新物质只有在看见了它，接触了它，称过它，检查过它，用酸加以对比，把它放在瓶子里，并且确定了它的"原子量"时，才相信它的存在。

直到现在，没有人看见镭，没有人知道它的原子量。因此，忠于原则的化学家的结论是："没有原子量，就没有镭；把镭指给我们看，我们就相信你们。"为了要把钋和镭指给不相信的人看，为了要向世界证实他们的"孩子"的存在，也为了要使自己完全有把握，居里先生和夫人还需工作四年。他们的目标是要取得纯镭和纯钋。在这两个学者已经提炼成的放射性最强的产物中，这两种物质仍只有不易觉察的痕迹。

玛丽·斯可罗多夫斯基的学生生活中最愉快的时期，是在顶楼里度过的。玛丽·居里现在又要在一个残破的小屋里，尝到新的极大的快乐了。这是一种奇异的新的开始，这种艰苦而且微妙的快乐无疑在玛丽以前没有一个妇女体验过，两次都挑选了最简陋的布景。

娄蒙路的棚屋工作室，可以说是不舒服的典型。在夏天，因为棚顶是玻璃的，棚屋里面燥热得像温室。在

阅读提示

"忠于原则的化学家的结论"促使玛丽进入下一阶段艰辛的工作：探索、提炼新物质。

阅读提示

作者在这里用详细的笔触描写了居里夫妇当时工作室的恶劣环境，让读者切实地感受到了他们的艰辛，更加地佩服他们对科学事业孜孜不倦的追求之心。

073

阅读提示

　　朴实的语言，给读者还原了当时的场景。居里夫人的青春年华完全奉献给了科学，生命之花绽放得那么坚毅无悔。

冬天，简直不知道是应该希望下霜还是应该希望下雨。若是下雨，雨水就以一种令人厌烦的轻柔的声音，一滴一滴地落在地上，落在工作台上，落在这两个物理学家标上记号永不放仪器的地方；若是下霜，就连人都冻僵了。没有方法补救。那个炉子即使把它烧到炽热程度，也令人完全失望，走到差不多可以碰着它的地方，才能感受到一点暖气，可是离开一步，立刻就又回到寒带去了。他们的微不足道的设备———一个叫作"通风罩"的装置———并不能把有害气体放出去多少。不过，玛丽和比埃尔要习惯室外的严寒，这也是很需要的，大部分炼制工作必须在院子的露天里进行。每逢骤雨猝至，这两个物理学家就狼狈地忙把设备搬进棚屋，大开着门窗让空气流通，以便继续工作，而不至于被烟窒息。

　　从1898年到1902年，居里先生和夫人就是在这种条件下工作的。第一年里，他们共同从事镭和钋的化学离析工作，并且研究他们所得到的活性产物的放射性。不久之后，他们认为分工的效率比较高，比埃尔·居里便试着确定镭的特性，以求熟悉这种新金属。玛丽继续炼制，提取纯镭盐。

　　在这种分工中，玛丽选了"男子的职务"，做的是壮汉的工作。她的丈夫在棚屋里专心做细致的实验。玛丽在院子里穿着满是尘污和酸迹的旧工作服，头发被风吹得飘起来，周围的烟刺激着眼睛和咽喉，她独自一个人操纵一个工厂。但是镭要保持它的神秘性，丝毫不希

阅读提示

居里夫妇两人面对困难，并未有一点退缩的念头，反而着迷了，他们似乎是为这项事业而生。

阅读提示

四年对一个女人来说，是多么的可贵。青春在流逝，可是居里夫人毫无怨言，研究也终于有了实质性的进展。

望人类认识它。

玛丽从前很天真地预料沥青的残渣里含有百分之一的镭，这个时期哪里去了？这种新物质的放射性极强，极少量的镭散布在矿石中，就是一些触目的现象的来源，很容易观察或测量。最困难的，最不可能的，乃是离析这极小的含量，使其与它密切混合着的杂质分离开来。工作日变成了工作月，工作月变成了工作年。比埃尔和玛丽没有失掉勇气。他们被这种抵抗他们的材料迷住了。他们之间的柔情和他们智力上的热情，把他们结合在一起；他们在这个木板屋里过着"反自然"的生活，他们彼此一样，都是为了过这种生活而降生的。

这种放射性的新科学的发展有了一个惊人的开端，居里夫妇现在需要合作者。直到这时候，只有一个叫作伯第的实验室工人偶尔来帮一点忙。这个勇敢的人，在他工作钟点以外的时间，由于他个人的热心，差不多秘密地来与他们一起工作。但是他们现在需要杰出的技术人员。他们的发现在化学领域内有重要的进展，这是必须专心加以研究的，他们愿意与有能力的研究者合作。

玛丽仍继续一公斤一公斤地炼制沥青铀矿的残渣，圣约阿希姆斯塔尔矿前后几次给她运来了好几吨这样的残渣。幸亏她有过人的耐性，四年来她每天同时是学者，是专业工人，是技师，也是苦力。而仗着她的脑力和体力，棚屋里的旧桌子上放着越来越浓缩的产物，所含的镭越来越丰富。

居里夫人即将达到目的，她已经不必站在浓烟弥漫的院子里注视那装满熔化材料的大锅。把那些放射性很强的溶液提纯，并把它们"分离结晶"的阶段到了，现在应该有很洁净的地方，应该有防寒、防热、防污极佳的仪器！这个简陋的棚屋，到处通风，铁屑和煤灰飞扬，混到小心提净的产物中去，使玛丽很失望。这种事情每天必有，费去她许多时间和精力，使她很伤心。这种无休无止的奋斗，使比埃尔极为疲倦，他几乎要放弃它。他不是想放弃研究镭和放射性，但是他很愿意暂时放弃这项特定的工序：提炼纯镭。

种种困难似乎无法克服。他们不能等将来在较好的条件下再继续这项工作吗？他注重各种自然现象的意义，甚于注意它们的具体现实状况。他看见玛丽用尽力量所得的有限结果，觉得烦恼，劝她暂时休战。他没有把他的夫人的性格估计在内。玛丽想离析镭，就一定要把它离析出来。她轻视疲倦，轻视困难，甚至于轻视她自己在知识上的欠缺，这种欠缺使她的工作更为复杂。无论如何，她还只是一个很年轻的学者，没有比埃尔由二十年工作中得来的广泛知识。有时候遇着她不大知道的现象或方法，还必须赶紧搜集资料。毫无关系！在她那饱满的前额下面，闪烁着顽强的目光。她在她的仪器旁，在她的烤钵旁坚持着。

1902年，在居里夫妇宣布镭可能存在之后的第四十五个月，玛丽终于打胜了这场消耗战：她提炼出一

阅读提示

将夫妇两人的观点和态度进行对比描写，有力地烘托了居里夫人刚强的性格。

阅读提示

玛丽长久的坚持终于有了结果，她提炼出了一分克纯镭，并初步测定了它的原子量，这在化学界可是不小的贡献。

阅读提示

　　经过了不懈的奋斗，忍受常人无法想象的艰苦之后，科学终于回报了这对并肩战斗并具有忘我精神的夫妻。这也让我们终于体会到了"功夫不负有心人"这句话的真谛。

分克纯镭，并且初步测定了这一新物质的相对原子质量为225。那些不肯相信的化学家不得不在这些事实面前低头，不得不在一个妇女的过人的顽强性格面前低头。

　　镭被证实存在了。几个月以来使比埃尔和玛丽入迷的镭的真相，实际上比他们以前天真地希望着的样子还要可爱。镭不只有"美丽的颜色"，它还自动发光！在这个黑暗的棚屋里没有柜子，这些零星的宝贝装在极小的玻璃容器里，放在钉在墙上的板子或桌子上，它们那些略带蓝色的荧光的轮廓闪耀在夜里的黑暗中。

　　她小心翼翼找到一张有草垫的椅子，坐下了。在黑暗中，在寂静中，两个人的脸都转向那些微光，转向那射线的神秘来源，转向镭，转向他们的镭！玛丽的身体前倾，热烈地望着，像观看她那睡着了的小孩那样投入。她的同伴用手轻轻地抚摸她的头发。她永远记得看荧光的这一晚，永远记得这种科学世界的奇观。比埃尔和玛丽若是能够在那个简陋的实验室里，把他们的力量完全用于对付自然的引人入胜的奋斗，这两个研究者的生活一定是完全快乐的。

　　可惜，他们还必须在其他方面奋斗，而在那些奋斗中他们并不是胜利者。为了五百法郎一月的工资，比埃尔在理化学校里每年须授课一百二十小时，并且指导学生做实验。在他的研究工作之外，又加上了这种令人疲倦的教学工作。在居里夫妇没有小孩的时候，五百法郎足够家用，但是自从生了伊雷娜之后，雇了一个女仆和一个奶妈，他们的预算因此增加很多。比埃尔和玛丽开始奋斗，他们必须找到新进款。这两个大学者，为了想得到他们缺少的一年两三千法郎，做了一些拙劣而且不幸的尝试。

比埃尔·居里在十月离开工艺学校，换了一个报酬比较高的工作，在居维埃路索尔本附设的P.C.N.学部任教。玛丽也尽她的一部分责任，申请到凡尔赛附近赛福尔女子高等师范学校任教职。该校副校长给她送来了聘书。他们希望不再过那么艰苦的生活了。

居里夫妇渴望的实验室既然不能有，也就满足于在棚屋里进行实验，而他们在那个小木板屋里度过的积极工作的时光，聊可安慰他们在其他方面遭到的挫折。他们仍继续教学，心甘情愿地去做，毫无怨恨。许多年轻的小伙子感谢比埃尔，记得他教的课极生动、极清楚。有许多赛福尔女生对于科学的喜爱是玛丽培养的，这个拥有金色头发的教授的斯拉夫语音，把高深的论证讲得娓娓动听。研究和工作使他们疲于奔命，废寝忘餐。玛丽从前规定的"正常"生活规则，以及烹饪治家的成绩，都被忘记了。这对夫妇并不意识到自己的愚蠢，仍旧使用着而且过度地耗费着他们那日渐衰退的体力。

有许多次，比埃尔因为四肢突发的不能忍受的剧痛，不得不卧床休息。玛丽有紧张的神经支持着，还不显衰弱。她认为自己是坚不可摧的，因为她已经用轻蔑疾病和随随便便的日常生活，克服了她的亲属为她担心

阅读提示

借一个青年物理学家之口来说明玛丽的身体状况，也从侧面反映出玛丽工作的忘我。

阅读提示

斯可罗多夫斯基轻描淡写的感叹，却蕴含了深刻的感情，曾经青涩的玛丽如今已有伟大的科学业绩，让这个老父亲感到欣慰。

的结核病。但是从那本她按时记下自己的体重的小笔记本里，可以看出她的体重每星期减轻，在棚屋里过了四年，玛丽瘦了七公斤。

他们的朋友常说她脸太苍白，气色不好。有一个青年物理学家甚至于给比埃尔·居里写了一封信，请他爱惜玛丽的身体，并且自己保重。他这封信是居里夫妇的生活情况和为事业献身情况的惊人写照。

比埃尔和玛丽对于劝告和责备总是天真地回答说："但是我们有休息时间，我们夏天休假。"居里夫妇在1899年做了一次远游，这次远游使他们很快乐。玛丽结婚后第一次回到祖国，不是到华沙，而是到奥属波兰，到德卢斯基夫妇建立疗养院的察科巴纳。一群很亲密的人，就住在离泥瓦工场很近的"埃瑞公寓"里。斯可罗多夫斯基教师也来了，他仍很灵活，这次看到他的四个儿女，四家人聚在一处，这种福气使他返老还童了。时光过得多么快呀！他的儿子和三个女儿在华沙为当家庭教师而奔走，好像还是不太久以前的事……

现在约瑟夫是著名的医生，有妻子、女儿；布罗妮雅同卡西密尔创立了疗养院；海拉在学校任教，工作很有成绩，她的丈夫斯塔尼斯拉斯·扎拉伊领导一家重要的照相企业。而这个玛妮雅在实验室里工作，并且已经发表过研究成绩。比埃尔·居里是这一群人里的外国人，备受关注。他的波兰亲戚都以让他看波兰而感到自豪。

三年之后，在1902年5月，玛丽又登上火车返回波兰。家里来信告诉她，她的父亲突然患病，胆囊开刀，取出了很大的结石。她先接到一些使她可以安心的消息，后来突然来了一封电报。这可完了。玛丽要立刻动身，但是护照的手续很复杂。等了好几天，那张官样文件才办妥。经过两天半的旅程，玛丽到了华沙，来到斯可罗多夫斯基先生居住的约瑟夫的家，但是太晚了。

一想到再也看不到父亲的脸，她简直受不了。在旅途中她知道他死了，就打电报求她的姐姐们暂缓把他下葬。她走进灵堂，只看见一具棺木和一些鲜花。她很奇怪地坚持要开棺，他们照办了。死者无生气的脸显得很平静，一个鼻孔流出来一点血，在脸上留下了一道淡淡的干血痕。

玛丽对着这个脸告别并且请求原谅。她时常暗暗地责备自己不应该留在法国，这个老人原计划和她在一起度过余年，而她使他失望了。她在寂静中对着这个打开的棺木，低声自责，直到她的哥哥和姐姐们勉强使这令人痛苦的一幕停止。玛丽心里有一个严格认真的魔鬼，她这样自己折磨自己是不公平的。她的父亲的晚年很快乐，并且因为她而更快乐。他一家人对他的爱，他做父亲和祖父所得到的满足，已经使斯可罗多夫斯基先生忘记了自己的不显赫的一生的沧桑。而他的最终的、最大的快乐，是来自玛丽。钋和镭的发现，巴黎科学院《论文汇编》里署他女儿名字的惊人的学术报告，使这个物理学教师深为感动。他自己一生中日常工作太多，不能

阅读提示

玛丽的生活充满了忧郁和令人伤心的事，让我们不禁对这个坚强的女性生出同情怜悯之情。

阅读提示

比埃尔仅有一次的诉苦，作为一个伟大的科学家也有常人的感情。

无牵无挂地从事研究。他一直随时注意他女儿的工作，他了解它的重要，料到它将来一定一鸣惊人。最近，玛丽告诉他，坚持四年努力之后，她已经得到一点纯镭。斯可罗多夫斯基先生在去世前六天，用颤抖的手给她写了最后一封信，不大像他一向的美丽规矩的字迹。

比埃尔和玛丽在10月回到实验室，他们很疲倦。玛丽一面在那些研究上继续工作，一面撰写她提纯镭的工作的结果。但是她没有勇气，对于任何事都不感兴趣。她长久以来对自己神经系统所安排的可怕的生活方式，现在产生了奇怪的反应：她患轻微的梦游症，夜间毫无知觉地起来在房子里走动。这一年有一些不幸的事发生，首先是怀孕，后来是早产，玛丽对于这次事件觉得很悲哀。后来由波兰又传来坏消息：布罗妮雅的第二个孩子，一个男孩，患结核性脑膜炎，几天就死了。这些哀痛已经使玛丽的生活罩上阴影，而偏偏又有一种更严重的忧虑来破坏它：比埃尔病了。

他常感到剧痛，因为没有明确症状，医生们叫它风湿症。这种病残酷地打击着他，使他痛苦不堪，整夜呻吟，他那吓慌了的妻子整天守着他。虽然如此，玛丽仍需在赛福尔教书，比埃尔仍需出题考问他那为数众多的学生，并且指导他们的实验。这两个物理学家梦想着的实验室还远得很，可是，他们仍需继续他们的细致的实验。一次，只有一次，比埃尔说了一句诉苦的话。他用很低的声音说："我们选择的生活太苦了。"玛丽想驳他的话，但是她不能掩饰她的担心。比埃尔气馁到这种地步，是否因为他的力量已将用尽？也许他得了某种可怕的不治之症？而玛丽自己能否克服她的极端疲劳？几个月以来，死亡这个念头就在这个妇人周围徘徊，困扰着她。

"比埃尔！"玛丽痛苦地喊他，她的声音像是有人掐住了她的咽喉。"怎么回事？亲爱的，你怎么啦？"这个学者吃了一惊，转向玛丽。"比埃尔……如果我们俩死了一个……剩下的一个也活不了：我们分开是不能活的，是不是呢？"比埃尔慢慢地摇着头。玛丽一时间忘了自己的使命，对他说了这些女人缠绵的话，这却提醒了他，学者没有权利背弃科学这个终生的目标。他对着玛丽痉挛着的忧伤的脸凝视了片刻，然后坚定地回答说："你错了。无论发生什么事，一个人即使成了没有灵魂的身体，还应照常工作。"

对科学来说，它的仆役是富是贫，是快乐是不快乐，是健壮是有病，有什么关系呢？科学知道，这些人生来就是为了研究和发现。他们要研究，要发现，一直到力竭为止。学者不能和他的使命对抗，即使他觉得厌烦，觉得要反抗，他的脚步还必然要把他引到他的实验室的仪器前面。因此，比埃尔和玛丽在困苦的年月中做出灿烂的工作，是不必惊讶的。新兴的放射学正在成长、扩大，一点一点地把发现它的一对物理学家的精力耗尽。1899至1904年之间，居里夫妇有时候一起，有时

名师点评

阅读提示

一段经典、流传永世的对话，感动了多少后人。居里夫妇那高大美丽的形象就在此刻被无限放大了。

阅读提示

在这里，让我们看到了居里夫妇为了科学的事业鞠躬尽瘁的认真态度。

阅读提示

将居里夫妇比作镭的"父母"亲切恰当，他们当之无愧。

我的点评

候单独，有时候与同行合作，发表了三十二篇科学报告。这些报告的题目都很难懂，字里行间满是图解和公式，外行望而生畏，但是每一篇报告都代表一次胜利。

放射性的研究始于法国，很快就征服了外国。从1900年起，许多科学界的知名人物由英国、德国、奥国、丹麦写信到娄蒙路，请求提供资料。居里夫妇与威廉·克鲁克斯爵士、维也纳的绪斯教授、玻尔兹曼教授、丹麦探险家巴尔森不断地书信往来，镭的"父母"慷慨地向他们的同行提供说明和专门的劝告。好几个地方的研究者都从事探寻未知的放射性元素，希望有新发现。这是有结果的工作，次第发现的有新钍、放射钍、放射铅……

在1903年，两个英国学者拉姆赛和苏狄，证明镭不断放出少量气体——氦气，这是原子嬗变的第一个已知例证。稍后，仍在英国，卢瑟福和苏狄重提玛丽·居里在1900年预料的假定，发表了一个惊人的"放射嬗变学说"。他们肯定放射元素虽然看似没有变化，实际上却处于自动演变状态，变化越快，其"活动"也越有力量。

比埃尔·居里后来写道："这就是简单物质嬗变的真实理论，但与炼金术士所说的变质不同。亘古以来，无机物必然是依照永恒的规律演变着。"不可思议的镭！把它提纯成氯化物，就是一种灰暗的白色粉末，往往会被当作厨房里用的普通的盐。但是它的特性，越来越认识清楚以后，真是惊人。它的辐射强度超过居里夫妇所有的预测，比铀的辐射强二百万倍。科学已经分析了、详细研究了这种作用，把镭的射线再分为不同的三种，它们能透过最不透明的材料。只有很厚的铅层能够挡住这些射线的看不见的辐射。

镭有它的影子，有它的幻影：它自动产生一种特殊的气体——镭射气。这种射气也很活泼，即使把它封闭在玻璃管里，它也依照一种严格的规律每天自己毁灭很多，温泉的水里就有这种射气。它还向一些似乎是物理学不可动摇的基础理论挑战，那就是镭自动放热，它在一小时内放出的热量可以融化与它等重的冰。若是保护它，使它不受外面冷气的侵袭，它就变得热一些，可以比周围空气的温度高10度，或者还多一点。它能穿过黑纸在照相底版上留影；它能使空气导电，并使远处的验电器放电；它能使装它的玻璃容器成为紫色或淡紫色；它能一点一点地腐蚀包裹它的纸或棉花，使它们成为粉末……它能发光，这是已经知道的。

玛丽后来写道："白天看不见这种光，但是在半黑中就很容易看出来，在黑暗中，一点儿镭发的光就足够照读之用。有了这种非常的天赋，镭还不自足，它使许多不能自己发光的物体发磷光，例如金刚石。镭的作用可以使金刚石发磷光，这样可以辨认出烧料制的假金刚石，因为假金刚石的光极微弱。"

总之，镭的放射是"传染的"，像强烈的气味或疾病一样地传染！若把一件东西、一种植物、一个动物或

阅读提示

镭的这种强烈巨大的放射性就像居里夫妇的精神一样延续了这么多年。

阅读提示

此处运用拟人的修辞手法将抽象的概念及原理具体化，深入浅出，把深奥的化学理论变得浅显易懂。

一个人放在装镭的玻璃管旁边，一定立刻得到一种可以看得出来的"活动"。这种传染扰乱精密实验的结果，它是比埃尔和玛丽的日常仇敌。在居里夫人去世后很久，过了三十年或四十年，他们的工作笔记本仍藏有这种活跃而且神秘的"活动"，仍将影响测量仪器！放射性放出热量，产生氦气和镭射气，自动地消灭……人们已经远离了关于惰性物质和原子不变的学说！

五年前，学者还相信宇宙是很确定的物体组成的，是永远不变的元素组成的。现在每过一秒钟，镭的粒子就由本身逐出氦气的原子，并且把它们用极大的力量放射到外面去，这种极小而惊人的爆发，玛丽叫它"原子嬗变的激变"，爆发后的残渣是镭射气的一种气体原子，这种原子本身又变成另外一种有放射性的物质，而这种物质又再起变化！这些放射元素成为一些奇异而且残酷的家庭，这种家庭里的每一个成员，都是母质自动嬗变产生出来的：镭是铀的"子孙"，钋是镭的"子孙"。这些物质每时每刻都在产生出来，依照永恒的规律自行毁灭：在永远相同的时间内，每一种放射性元素失掉它的实质的一半，铀减去一半需几十万年，镭需一千六百年，镭射气是四天，镭射气的"子孙"只需几秒钟……

物质虽表面不动，实际在里面隐藏着产生、冲突、杀戮和自杀，它隐藏着毫不容情的命运支配的戏剧，它隐藏着生和死。这是放射性的发现所揭露出来的事实。哲学家只好重新开始研究哲学，物理学家只好重新开始研究物

阅读提示

居里夫人研究出来的镭并不只是一项科学发现那么简单,它造福人类的意义是任何事物无法取代的。而那一克镭是居里夫人辛勤劳作的见证,是一颗历史珍宝,值得后人永远珍藏。

阅读提示

居里夫人的坚定、沉着,过人的才华和智慧,以及所取得的成就都足以赢得所有人的尊重。

理学。镭的最末一个动人的奇迹,乃是它能造福人类。

它能治疗一种残酷的病症——癌肿。镭的用处大极了!玛丽没有离开过她的第一克镭。后来她把它赠给她的实验室了。这一克镭只代表她的奋发工作,此外并无其他价值。在那个棚屋已经被拆房工人用鹤嘴锄毁平、居里夫人也去世了的时候,这一克镭仍然是一种伟大工作的辉煌象征,仍然是两个人一生中英勇时期的辉煌象征。以后炼出来的镭的价值就不同了,但它们仍有金子的价值。正式出售的镭是世界上最贵的东西,一克值七十五万金法郎。

居里夫人的研究有了成果,她获得博士学位的时机到了。三个穿大礼服的主考人坐在一张橡木长桌后面,轮流问这个应试者一些问题。布提先生和李普曼先生——她最初的教授,面带鼓励的微笑。穆瓦松先生有给人很深的印象的长须。玛丽用柔和的声音回答问题,有时候拿起粉笔在黑板上画出一种仪器的图形,或写出一种基本公式的符号。她用枯燥的专门语句和乏味的形容词解释她的工作结果,但是围着她的物理学家,无论是老是少,无论是名家是学生,脑子里都起了一种新的"变化"。玛丽的冷静言语变成了一种灿烂动人的图景:这一世纪里最大的发现的图景。学者们不重辩才和宏论,聚集于理学院的主考人在授予玛丽博士学位的时候,用的也是朴实无华的词句,但是三十年后重读这些词句,却使人感受到很深的感情价值。主席李普曼先生说了惯用的套语："巴黎大学授予您物理学博士学位，并附'极优'的评语。"听众的轻轻的鼓掌声停止之后，他以友善的态度，用大学老教授的羞怯声音，简单地加上一句："夫人，我还代表主考人向你致贺……"

这些严格的考试，这些严肃而且朴实的仪式，对于有天才的研究者和努力的工作者，都以同样的方式举行，这并不可笑。它们自有其风格和庄严性。在论文答辩之前，在制镭工业还不曾在法国和外国发展之前，居里夫妇做了一个决定，他们对于这个决定很不重视，然而对他们此后的生涯却有很大的影响。玛丽在提纯沥青铀矿，离析镭的同时，发明了一种专门技术，并且首创了一种制造法。

一个星期日早晨，比埃尔在克勒曼大道的小房子里，把这些事情解释给他的妻子听。邮递员刚送到一封由美国寄来的信，这个学者很注意地看完，把它折起来，放在书桌上。

他以很平静的语音说："我们需略谈一下有关我们的镭的事。制镭业将有大发展，现在可以说这是无疑的了。你看，这是布发罗寄来的信，有一些要在美国创立制镭业的工程师请求我们向他们提供资料。"

玛丽说："怎么样呢？"她对于这个谈话兴趣不大。

"怎么样呢？我们需在两种决定中选择一个。一种是毫无保留地叙述我们的研究成果，包括提纯方法在内……"

名师点评

阅读提示

此处指出玛丽发明了一种专门技术。设置了悬念。居里夫妇将如何对待他们这一"专利"呢？

名师点评

玛丽做了一个赞成的手势，并且喃喃地说："是，当然如此。"

比埃尔继续说："或者我们可以自居镭的所有者和'发明家'。若是这样，那么，在你发表你用什么方法提炼沥青铀矿之前，我们须先取得这种技术的专利执照，并且确定我们在世界各地制镭业的权利。"他极力以一种客观态度简明地解释情形。说到他不大熟悉的"取得专利执照""确定我们的权利"这种字样的时候，他的声音含着一种差不多听不出来的轻蔑，这也怪不得他。玛丽想了几秒钟，然后说："我们不能这么办，这是违反科学精神的。"为了要尽到良心上的责任，比埃尔强调说："我也这样想，但是我不愿意我们这样轻率地做出决定。我们的生活很困难，而且恐怕永远是困难的。我们有一个女儿，也许还会有别的孩子。为了孩子们，为了我们，这种专利代表很多的钱，代表财富。有了它，我们一定可以过得舒服，可以辞掉辛苦的工作……"他还微笑地提到他唯一不忍放弃的东西："我们还能有一个好实验室。"玛丽的眼睛凝视着，从容考虑那谋取利益、谋取物质报酬的主意。她差不多立刻就拒绝了："物理学家总是把研究全部发表的。我们的发现不过偶然有商业上的前途，我们不能从中取利。再说，镭将在治疗疾病上有大用处，我觉得似乎不能借此求利。"她丝毫不想说服她的丈夫，她猜到他只是出于谨慎才说要取得专利，而她自己十分坚决地说出来的话，正表示他们两个人的感觉，表示他们对于学者职责的正确概念。在寂静中，比埃尔重述玛丽的话，像是一个回音："我们不能这么办，这是违反科学精神的。"

他安心了，然后又加了两句，像是结束某一琐碎问题似的。"今天晚上我就写信给美国工程师们，把他们所要的资料给他们。"这次星期日早晨的简短谈话之后的一刻钟，比埃尔和玛丽乘着他们心爱的自行车，走出家门，踩得很快，向克拉麻的树林驰去。他们已经在贫苦和财富之间做了永久的选择。那一晚，他们疲倦地归来，臂中抱满了田野生长的绿叶和花束。

❗ 品读·理解

本章是作品的重点部分，居里夫人对放射性的物质产生兴趣，并着手研究，夫妇俩共同努力研究出了纯镭，给科学史带来了重大发现，为人类做出了伟大的贡献。

在居里夫妇的研究工作过程中，让人看到了一对为科学事业勇于献身的伟大夫妇。他们完全忘我地投入到科学事业当中，那种自我牺牲的精神像一道光环闪烁在历史上空，永不泯灭。

❓ 感悟·思考

1. 是什么使居里夫人对放射性物质产生了兴趣？她是怎样发现铀和钍的放射性的？在这期间居里夫人怎样展现出了她的智慧和勇气？

2. 在比埃尔·居里的帮助下，居里夫人从哪种矿物质中提炼出了镭？可是之后他们遇到了什么问题？

第六章　人生的不幸 [精读]

名师导读

居里夫妇在完成这次伟大的发现之后，被授予了"诺贝尔物理学奖"，他们的成就使他们名声大振，随之而来的荣誉和奖金接连不断地进入他们的生活。这让居里夫妇有些不知所措。他们选择了逃避和安静，采取了拒绝的态度。而接下来，居里夫人的丈夫比埃尔·居里因车祸去世，居里夫人忍着悲痛处理了丈夫的后事，这件事给她造成了沉重的打击，那么，接下来她的生活会有什么改变？

名师点评

阅读提示

在几年的艰苦奋斗之后，接踵而来的不仅仅是成就，还有荣誉。从而告诉读者，只要坚持不懈地努力，就一定会有收获。

第一个适合居里夫妇才干的职位，是瑞士提供的，而给予他们最初几个荣誉的，却是英国。他们在法国已经被授予几种科学奖：比埃尔在1895年得了普朗特奖金，在1901年得了拉卡北奖金，玛丽得过三次若涅奖金。但是在1903年6月，著名的皇家科学会正式邀请比埃尔·居里前往举行镭的讲座时，他们还没有得到来自法国的任何使他们的名字增光的褒奖。

这个物理学家接受了邀请，同他的夫人一起到伦敦去参加这次隆重的盛会。接待他们的是情深谊厚和仁慈的熟人开尔文勋爵。这个有名望的长者把居里夫妇的成功看作自己的事，对他们的研究引以为豪，好像这些研究是他自己的成绩。他带他们去参观他的实验室，在走路的时候，他慈父般的用一只手臂搂着比埃尔的肩膀，并以真挚动人的愉快神色把从巴黎给他带去的礼物指给他的合作者看。那真是物理学家的礼物：封在玻璃瓶里的一克贵重的镭。举行讲座的那一晚，开尔文勋爵坐在玛丽旁边，她是被允许参加皇家科学协会会议的第一个妇女。英国的学者都聚在那个挤满了人的礼堂里。比埃尔用法语慢慢地叙述镭的特性，后来他请人把屋子遮黑，开始做几种惊人的实验：镭的魔力使远处一个金箔验电器放电，使一个硫化锌的屏蔽放磷光，在黑纸包裹的照相底版上留影，这种惊人的物质能自发放热⋯⋯

那一晚激起的热烈情绪在第二天起了反响：全伦敦都要看镭的发现者。"居里教授和夫人"被邀赴许多晚餐和宴会。比埃尔和玛丽参加这些盛大的招待会，听着人们干杯祝他们幸运的声音⋯⋯比埃尔穿着他在P.C.N.学部讲课时穿的那件已经磨得有点发亮的旧礼服，虽然他极力客气，仍不免给人"心不在焉"的印象，显得很费力才能了解人们恭维他的话。玛丽不安地感觉到有成千只眼睛在注视自己，注视着这个最稀罕的"动物"，注视着这个特殊的人：一个女物理学家！她的衣服是黑色的，领口开得很小。她那双被酸液烧坏的手上，没有饰物，连结婚指环都没有。在她旁边，这个邻国里最美丽的钻石就在一些裸露的脖子上闪闪发光。玛丽由衷高兴地看着这些珠宝，并且惊异地注意到她那一向漫不经心的丈夫也在注视这些项链，注视这些"金刚石颈饰"。

阅读提示

两位在科学史上有里程碑式地位的科学家，平时只忙于自己的工作，无暇做一些表面文章，在面对这样的应酬时所表现出的窘态，不但不让我们感到可笑，反而让我们心里更增添了一层敬意。

阅读提示

比埃尔对待奖章的方式和举动，无不说明他淡泊名利的品质。

阅读提示

居里夫妇理所当然地应该获得这最高奖项，这是对他们工作的肯定和尊重。

当晚，她在脱衣服的时候对比埃尔说："我简直想不到世上有这样的珠宝，真是美极了！"

几天之后，居里夫妇回到巴黎，回到棚屋。他们已经与伦敦结了很牢固的友谊，并且计划了几种合作。比埃尔不久将和他的英国同行杜瓦尔教授一起，发表一篇关于镭的溴化物气体的著作。盎格鲁撒克逊民族对于他们所钦佩的人是忠诚的。1903年11月，一封信通知居里先生和夫人，伦敦的皇家学会把该会的最高奖戴维奖章赠给他们，以表推重。玛丽正不舒服，让他的丈夫独自去参加仪式。

比埃尔从英国带回来了一枚很重的金奖章，上面刻着他们两个人的名字。他要在克勒曼大道的房子里，给这一枚奖章找一个地方安放，他处理得笨极了，丢了，又找着……后来，忽然灵机一动，他把它交给女儿伊雷娜，这个六岁的女孩还没有过这样高兴的日子呢。

斯德哥尔摩的科学院在1903年12月10日的"正式常会"上，公开宣布把当年的诺贝尔物理学奖金一半授予柏克勒尔，一半授予居里先生和夫人，奖励他们在放射性方面的种种发现。居里夫妇没有参加这次聚会。法国公使代表他们从瑞典国王手中领取奖状和金奖章。比埃尔和玛丽身体都不好，而且工作太忙，不敢在隆冬长途旅行。

在玛丽·居里的眼睛里，诺贝尔奖金只代表一件事：授予七万法郎奖金，是瑞典学者对两个同行的工作的推重，因此，它是不"违反科学精神"的，而且这是减少比埃尔教课钟点借以挽救他的健康的唯一机会！这张给人幸福的支票在1904年1月2日交到了戈卜兰路支行，他们的极少的存款都在那里。比埃尔终于可以辞去他在理化学校的教职，接替他的是一个杰出的物理学家——他昔日的学生保罗·郎之万。居里夫人自费雇用了一个私人助手，这比等着大学答应给她有名无实的实验室助手来得简单多了，也快多了。玛丽以借款名义寄了两万奥币给德卢斯基，以便帮助他们创立他们的疗养院。

不久，又有五万法郎的奥西利奖金加在剩下的一笔小款子上，这笔奖金一半是给玛丽·居里，一半是给法国物理学家埃都亚·布郎利。他们把这点奖金平分为两部分，一半买法国公债，一半买华沙城债券。在赠款项下，有给波兰学生的，有给玛丽青年时候的一个朋友的，有给实验室的工人们的，还有给一些急需钱用的赛福尔女学生的……

玛丽想起从前很亲切地教过她法文的一个很穷苦的妇人——德·圣一欧班小姐，现在是科兹罗夫斯卡夫人。她生在第厄普，住在波兰，在波兰结了婚，她的最大的梦想，乃是重游故乡。玛丽给她写信，请她到法国来，在家里接待她，并且代付由华沙到巴黎和由巴黎到第厄普的旅费。那个善良的妇女总是含泪谈到这个没有料到的莫大快乐。玛丽很适当地施赠，不张扬，不轻举妄动，也不过分。她决意在有生之年帮助那些需要她帮

名师点评

阅读提示

生活本不是十分富裕的居里夫人还尽己之力帮助别人，多么让人钦佩！

阅读提示

奖金的额度是有限的，但是居里夫人的爱心是无限的，她最先想到的往往是别人，而不是自己，这让她的光辉形象更加丰满了。

阅读提示

居里夫妇对科学的热爱决定了他们不会停止继续前行的脚步，荣誉对他们来说只是昙花一现。

阅读提示

荣誉是把双刃剑，它在给居里夫妇带来名誉光环的同时，也开始扰乱他们的平静生活，给居里夫妇带来了困扰。

助的人，她愿意量力而为，以便永远能够继续帮助人。她也想到了自己。她在克勒曼大道的房子里装设了一个"新式"浴室，并且把一间小屋子里的褪色帏幔换了新的，但是她没有想过趁得到诺贝尔奖金的机会去买一顶新帽子。

她虽坚持要比埃尔辞去在学校的教职，她自己却继续在赛福尔教课。她爱她的学生，觉得自己的体力还可以继续任课，而且这是一个有固定薪金的位置。1903年差不多是居里夫妇一生中最可怜的时期。他们的年岁正是天才得到经验的帮助而可以发展到最高度的时期。他们已经在一个漏雨的木板屋里，出色地发现了一克使全世界惊奇的镭。

但是他们的使命并未完成，他们的头脑还有发现别种未知的资源的可能性。他们愿意工作，他们需要工作！荣誉不关心将来，而比埃尔和玛丽却要向将来努力。荣誉降临在大人物身上，用它的全部重量牵制他们，力图阻止他们向前进。

诺贝尔奖金授予居里夫妇的消息一发表，千百万的男子、妇女、哲学家、工人、教授、资产阶级、上流社会的人都把注意力集中到他们身上。这千百万人把他们的热心献给居里夫妇，却要换回极大的补偿！

他们把还处于萌芽状态的放射学列入已经取得的胜利后就不去帮助它发展，而只忙着玩味它产生时的一些生动细节。他们要打破这一对惊人夫妇的秘密，因为这两个学者的双重天才、坦白生活和大公无私的精神，已经造成一种传奇。他们的热烈敬仰扰乱了他们的偶像的生活，并且夺去了这对偶像希望保持的唯一财富：沉思和宁静。

当时的报纸上登载比埃尔的相片，旁边就是玛丽的相片，他们形容玛丽是"一个金色头发的年轻妇人，风度优雅，身材苗条"，或是"一个可爱的母亲，感觉敏锐，同时对于深奥的事物有一种好奇的精神"，还有他们的"可爱的小女儿"和一只在饭厅里火炉前缩成一团的叫作第第的猫的相片。这些相片旁边有很美的文字描写那所小房子和实验室，写居里夫妇愿意独自贪图幽趣和清贫风味的两个退居之所。克勒曼大道的房子，成了"贤士之庐"，成了一所"可爱的住房，地址很远，在巴黎的偏僻而且寂静的区域内，在城堡荫蔽之下，里面隐藏着两个大学者的亲密快乐"。而那个棚屋也成了名。居里夫妇设法拒绝访问，封锁他们的门，自己关在那个从此有了历史价值的简陋实验室里。他们的工作和私生活已经不属于他们了。他们的谦虚使一些最不狡猾的新闻记者惊叹而且尊敬，这种谦虚也出了名，并且变成一件公开的事，变成写文章的好题目。

光荣是一面多么惊人的镜子！它有时候照出真相，有时候却像公园里吸引人的哈哈镜那样照出变了形的形象。它摄取它所选的人们的最小的姿势，在它的空间里映出千百种形象……居里夫妇的生活，成了时髦酒馆里

阅读提示

在苦难面前居里夫妇从不折腰，但是面对这样突如其来的荣誉和变化，他们反而变得不知所措。

阅读提示

作者这样写是欲扬先抑，居里夫妇那简朴的外表看上去虽然不像是名人，但是这却正反映出他们面对名利的冷静和淡然。

的谈话资料。报纸上登载居里先生和夫人偶然失去一部分存镭，一个剧院里就立刻上演出讽刺剧，形容这一对夫妇关在棚屋里，不许任何人进去，自己扫地，并且滑稽地在戏台四隅找那丢失的物质……

居里夫妇毫无怨言地忍受了贫寒、辛苦，甚至于人们的不公正行为。现在，他们生平第一次显露出一种奇怪的神经不安。他们的荣誉越大，他们的不安越甚。荣誉一定也会给居里夫妇带来一些利益：教席、实验室、合作者以及盼望已久的经费，作为那些磨难的补偿。不过，这些好处什么时候才会来到？他们焦急等待的时期延长了。

比埃尔和玛丽所循的途径虽然不同，可是，最后都采取了拒绝荣誉的态度。共同完成一项伟大工作的人，也许会用不同的方式接受荣誉，比埃尔或许冷淡，玛丽也许虚荣，但是不然！这一对夫妇胜利地度过了这次磨难，而且团结一致，逃避尊荣。居里夫妇现在有一个新的理由要过"野人生活"，他们要逃避好奇的人们。他们比以前更常到偏僻的村庄去，若是必须在乡下的旅店里过夜，他们总是用假名字登记。

但是他们最好的化装，还是他们的本来面目。一个笨手笨脚的男子，衣服穿得很随便，在布列塔尼一条空荡荡的路上推着一辆自行车向前走，陪伴他的那个年轻妇人，装束像农村妇女。看见这样两个人，谁会想到他们就是诺贝尔奖金获得者？居里这个名字现在已经成了

"鼎鼎大名"。这对夫妇钱比以前多，快乐的时光却比以前少了。

尤其是玛丽，她已经失去了她的热情和愉快。她不像比埃尔那样完全潜心于科学思想。每日发生的事影响她的感觉和神经，而且引起很坏的反应。庆祝镭和诺贝尔奖金的喧哗，使她生气，一时一刻也没有使她放下对比埃尔的病的忧虑，这种忧虑破坏了她的生活。

比埃尔因为身体上的病痛，感觉到一种重大威胁，每每为时间消逝而不安。难道这样年轻的人就疑心自己快死了吗？人们可以说他是在与一个看不见的仇敌比赛速度，他一味固执，一味匆忙，亲切地向他的妻子絮语，使她也不安。他们必须加速研究的节奏，必须利用每一刻时间，必须在实验室里多过几小时。

玛丽勉强地更加努力，但是这种努力超过了她神经耐受力的限度。她过去的命运比他的艰苦。

二十多年以来，从她还是一个十六岁的波兰姑娘，头脑里装满了节日的回忆，由乡下回到华沙谋生的那一天起，她几乎没有停止过工作。她的青年时期是在孤寂中度过的，在一个冰冷的顶楼里埋头看物理学书籍。而后来在恋爱的时候，恋爱又与工作连在一起，不能分开。玛丽把对于科学的爱和对于丈夫的爱融会于一种热诚之中，强制自己过一种紧张的生活。比埃尔和她一样深情，他们的理想也是一致的。但是比埃尔有过很长的懒散时期，有过热烈的青春，有过活泼的情绪。玛丽自

阅读提示

长期繁重的工作使得比埃尔的身体出现了健康危机，可是，他担心的依然是工作的进度，而不是身体。

阅读提示

这段话十分中肯真挚地概括了居里夫人曾经走过的人生路，言语中充满着淡淡的温情。

阅读提示

居里夫人也是有血有肉的人，有着正常人的情感，作为一个女科学家，她已经非常出色。

阅读提示

玛丽虽在科学方面做出了伟大的成就，但她也是一个母亲。从此处的描写可看出，她对孩子细心、周到的一面。

从长成妇人以来，没有一刻离开过她的任务，所以，她还希望有时候能够认识生活的简单可爱之处。她是一个极温柔的妻子和母亲。她梦想甜蜜的暂时休息，梦想无忧无虑的安适日子。

在这一方面，她使比埃尔很惊讶，使他不高兴。他发现了一个有天才的伴侣，觉得欣慰无限，就希望她也像自己一样，完全牺牲在他所谓的"主要思想"中。她服从他，但是她觉得脑力和体力都很疲乏。她感到气馁，责备自己在智力方面无能，责备自己"蠢笨"。

实际原因是简单的，这个三十六岁的妇人生活劳苦，受折磨太久了，现在要求自己的权利。玛丽需要有一个时候不做"居里夫人"，把镭放在脑后，只吃，只睡，什么都不去想。

到了快第二次分娩的时候，她虚弱到了极点。除了她的丈夫，她不爱任何东西：不爱生活，不爱科学，甚至于也不爱将生的小孩。而她的丈夫的健康无时无刻不使她忧虑。布罗妮雅由波兰来照料她生产，看到这个被压垮了的、失了常态的玛丽，觉得无限惊骇。她不断地重复说："我为什么又要送一个生命到世上来？人生太艰苦，太乏味。我们不应该使无辜的生灵受这种折磨……"分娩很痛苦而且时间很长。终于，在1904年12月6日生了一个肥胖的婴儿，头上竖着黑发。又是一个女儿：取名叫艾芙。

新生婴儿的微笑和嬉戏，使这个年轻的母亲感到愉快，极小的孩子总能使她怜爱。她在一本灰色笔记本里，随时记载艾芙最早会做的姿势和开始长出的牙齿，正如以前对待伊雷娜那样。玛丽的神经状态随着这个婴儿的发育渐渐好转。分娩造成的强制性休息使她放松了，从而使她恢复了生活的情趣。她又以愉快的心情去接触她的仪器，这种心情她曾经忘记了。

不久，她又到赛福尔去教课。她动摇了一些时候，现在恢复了她的坚定步伐，又走上了艰苦的途程。天气晴朗，比埃尔觉得健康多了，玛丽也比较高兴。现在他们应该履行一再拖延的责任：到斯德哥尔摩去做诺贝尔讲演。

1905年6月6日，比埃尔代表他的妻子和他本人，在斯德哥尔摩的科学院讲演。他追溯镭的发现引起来的后果：在物理学方面，这种发现把基本原则大加修改；在化学方面，它引起一些大胆的假定，这些假定解释了造成放射性现象的力量的来源；在地质学和气象学方面，它是解释以前不能解释的现象的钥匙；最后，在生物学方面，镭对于癌细胞的作用，已经证明是有效的。

克勒曼大道的房子像堡垒一样，拒绝闲人闯入，比埃尔和玛丽在里面仍旧过着简单隐遁的生活。家务方面烦心的事，已经大为减少。一个干粗活的女仆承担了一切重活，一个打杂的女佣人料理烹饪和开饭。她看着她的奇怪雇主的专心态度，总是惊异得大张着嘴，而且时常等着他们称赞她做的烤肉或马铃薯泥。

名师点评

我的点评

阅读提示

由此推断，居里夫妇研究镭的成功，不仅仅是在一个领域给人类带来福音，而是在多个领域带给人们无限的益处，让整个人类受益匪浅。

名师点评

阅读提示

这个来自居里夫妇生活的真实片段，读来让人忍俊不禁。

阅读提示

这一生活细节的描写，可以看出为科学做出伟大贡献的居里夫人，也和普通母亲一样无私爱着自己的孩子，是一个好母亲。

有一天，这个朴实的女子忍不住了，她站在比埃尔面前，用坚决的语调问他觉得他刚才吃了很多的煎牛排做得怎么样，但是他的回答却使她莫名其妙。这个学者喃喃地说："我吃了煎牛排吗？"然后，表示和解地又加上一句："可能吃了吧！"

玛丽就是在工作最忙的时候，也总留出时间照料孩子。因为她有职务，不得不把她的两个女儿交给女仆，但是一定要亲自证实伊雷娜和艾芙睡得好，吃得好，梳洗得整洁，没有感冒或任何疾病，她才放心。若是她偶尔没有十分注意，伊雷娜一定提醒她！伊雷娜是个很专制的孩子，嫉妒地独占着她的母亲，只勉强容许母亲照料"小的"。

冬天时候，玛丽常在巴黎走很远的路，去找伊雷娜肯吃的一种苹果和香蕉，若找不到，她差不多不敢回家。这对夫妇晚间大半是穿着内便衣和拖鞋，在家里翻阅科学出版物，或是在笔记本上做复杂的计算。不过，有时候他们也到绘画展览会去，一年里也有七八次在音乐会和戏院里消磨两小时。玛丽如果偶尔请人到家里来，她总尽力把菜肴做得差强人意，把屋子收拾得令人愉快。她聚精会神地去佛达路或阿来西亚路装满蔬菜鲜果的车子中间转来转去，挑选好果子，并且郑重询问乳品商人，他的各种干酪的优劣，然后从卖花人的篮子里挑几把郁金香和丁香花……

回到家里，她自己"扎花束"，女仆很兴奋预备比平常复杂一点的菜肴，邻近的糕点商人郑重其事地送来冰淇淋。在这个一心工作的家庭里，最随便的聚会事先就引起这些忙乱。到了最后，玛丽检查餐具，移动家具……请来的贵客或是路过巴黎的外国同行，或是给玛丽带来消息的波兰人。居里夫人为怕陌生人的伊雷娜也组织过几次儿童聚会。她亲手用花环、包上金纸的核桃和各种颜色的蜡烛装饰的圣诞树，还留在年轻一代的快乐回忆中。

常到克勒曼大道的房子来的有安德烈·德比尔纳、让·佩韩和他的妻子——玛丽的最好的朋友乔治·余班、保罗·郎之万、埃美·戈登、乔治·萨尼亚、查量·埃都亚、吉攸姆等七八个密友，有赛福尔的几个女生……一些学者，都是学者！

星期日下午，在天气晴朗时，这些人就聚在花园里。玛丽坐在树荫下，靠近艾芙的小车，手里拿着针线活，但是她的缝制和补缀工作并不妨碍她注意全部谈话，这种谈话在别的妇人听来，简直比用中国话讨论问题还要深奥得多。这些不平凡的交谈有时也夹杂着一些充满人情味的话语：居里大夫与德比尔纳和郎之万谈政治，余班很友善地嘲笑玛丽，批评她那过分朴素的衣服，责备她轻视打扮，于是，这个年轻的妇人便惊讶地听着这种突如其来的教训。让·佩韩停止谈原子，停止谈"无限小的东西"，仰起他那好看的热情的脸朝向天空，像个瓦格纳的崇拜者，引吭高唱起《莱茵河的黄

阅读提示

居里夫妇在那样一个简陋的棚屋里完成了科学一大创举。可是，却没有一个与工作性质相适应的实验室，这让我们感到惋惜。

阅读提示

拥有一个属于自己的实验室，并不是一个多么过分的请求，实现的过程却如此艰难。他们对人类的贡献难道是微乎其微的吗？

金》或《名歌手》中的歌曲。在花园深处，离得远一点，佩韩夫人在给她的孩子们——阿丽纳弗朗西和他们的同伴伊雷娜讲童话故事。

居里夫妇面前展开了一个新纪元。法国注意到他们，并且想支持他们的努力。第一步，而且是必不可少的一步，是把比埃尔选为科学院院士。这个学者第二次又受到拜访的磨难。赞助他的人们唯恐他的行动不像"明智的候选人"，给他一大堆关心的劝告。比埃尔·居里在1905年7月3日进入了科学院，但是够勉强的！有二十二个院士投票选了他的竞争者哲内先生。比埃尔不甚钦佩这个科学院。在另一方面，他密切地注意巴黎大学为他决定的事项。校长李亚尔已经在1904年为他设了一个物理学教席，这个希望了很久的实任教授的位置，终于得到了！在接受这个晋升之前，比埃尔问他的职务附有的实验室在哪里。实验室？什么实验室？谈不到有实验室啊！

这两个诺贝尔奖金获得者，镭的"父母"，立刻发现比埃尔如离开P. C. N.学部的位置到索尔本去任教，他就简直不能做任何工作。新职务没有给他工作的地方，而P. C. N.学部供给用的两间屋子当然需给继任者，他只好在街上做实验了。

比埃尔用他那美妙的文笔，给他的上司们写了一封客气而坚决的信，新职位既然不供给工作室，也不供给研究经费，他愿意辞职，仍留在P. C. N.学部，仍教那么多的钟点。在那个小地方，玛丽和他倒还可以多少做一些有用的工作。又经过几次商议，巴黎大学最后做了一种非常举动，请求议院创设一个实验室并拨款5万法郎。这个计划被采纳了，或差不多被采纳了！

索尔本里面绝没有地方给比埃尔，不过可以在居维埃路给他修建两间屋子，每年可以给居里先生12000法郎经费，外加34000法郎设备经费。天真的比埃尔以为他可以用"设备费"购买仪器，添全他的器材。不错，他可以这样用，但是必须把新建筑用费从这笔小款子里提出来。当局是把建筑费和"设备费"当作一件事的！如此，这些官方计划的用处就缩小了。

有一个有钱的妇人知道了这种情形，颇为感动，自愿帮助居里夫妇，并提议给他们在安静的郊外建造一个研究院。比埃尔·居里有了希望，他把计划和愿望便对她一一陈述。

只有一件事给居里夫妇带来了真正的快乐。比埃尔从此将有三个合作者：一个实验室主任，一个助手，一个工人。实验室主任就是玛丽。直到此刻，不过是容许这个年轻的妇人在实验室里工作而已。玛丽所完成的关于镭的研究，既没有名义也没有报酬。到1904年11月才给她固定的职位和薪金———一年2400法郎！她这才第一次正式进入她丈夫的实验室。他们适应着新的生活。比埃尔备课，玛丽仍和从前一样在赛福尔教书，两个人在居维埃路那个狭小的实验室里见面。安德烈·德比尔纳、

名师点评

阿尔伯·拉伯德、美国人杜亚纳教授，还有几个助手或学生，都在这个实验室里继续研究，都低头看着他们当时做实验用的不坚固的设备。

1906年的复活节，天气晴朗。比埃尔和玛丽在室外，在舍夫律兹－圣瑞米的平静的房子里过了几天。他们恢复乡下习惯，每晚带着女儿到附近的农庄去取牛奶。艾芙刚十四个月，脚步很不稳，顽强地要踏着那干硬的土车辙走，使比埃尔看了发笑。

阅读提示

自然优美的文字描述出居里夫妇一家其乐融融的场面，温馨幸福。

到了星期日，远处钟声一响，这对夫妇就乘自行车到何瓦雅埠的树林里去野游，带回开着花的枝子和水毛茛。第二天，比埃尔觉得太疲倦，不能再出去，便懒洋洋地躺在草地上。柔和可爱的日光慢慢地把笼罩山谷的朝雾驱散。艾芙坐在一条毯子上乱喊乱叫，伊雷娜则挥动着一个绿色小网追捕蝴蝶，并且为她很少到手的捕获物而快乐地大声欢呼。她觉得热了，把外衣脱去，滑稽地穿着小女孩的衬衫和男孩的短裤，比埃尔和玛丽彼此靠近躺着，欣赏着他们这个孩子的优美。

阅读提示

笔锋一转，由甜蜜幸福的画面突至阴雨的景象，前后对比强烈，作者用景物描写烘托事件的发展变化。

或许就是那天早晨，或许是头一天，醉人的春光的魅力和宁谧使比埃尔平静下来，他看看在草地上蹦的两个女儿，再看看一动不动地躺在身边的玛丽。他抚摸他妻子的面颊和金色头发，并且低声说："在你身旁，生活是甜蜜的，玛丽。"

1906年4月19日，这个星期四显得很阴郁，一直在下雨，天色昏黑。居里夫妇虽然专心工作，仍不能忘掉这4月的骤雨。那天，比埃尔要参加理学院教授联合会的聚餐，要到他的出版者高替叶·维亚尔那里去看校样，然后要到科学院去。玛丽也有几堂课要教。在早晨的匆忙中，这对夫妇几乎彼此没有见面。比埃尔在楼下喊玛丽，问她是否到实验室去。玛丽正在楼上给伊雷娜和艾芙穿衣服，回答说她今天一定没有工夫去——但是她的话被嘈杂声淹没了。

大门砰的一响，比埃尔忙着出去，很快地走了。玛丽在家里与女儿们和居里大夫一起吃午餐的时候，比埃尔正在饭店里和他的同事们亲切交谈。他喜爱这种平静的聚会，他们在那里谈索尔本、研究和职业。这次一般性的谈话转到实验室里可能会突然发生意外事故，比埃尔立刻拟订了一个减少研究者危险的规则。将近两点半钟的时候，他微笑着站起来向朋友们告辞，并且和当天晚上还要见面的让·佩韩握手。

走到门口，他不在意地看了看天空，向那一天的雨云蹙了一下额，然后打开他的大雨伞，在倾盆大雨中向塞纳区走去。他到了高替叶·维亚尔那里，看见门关着：工人们罢工了。他转身走上多非纳路，马车夫的喊声、附近码头上开过的电车发出的刺耳响声，使这条街十分喧闹。巴黎旧区这条狭窄的路上多么拥挤呵！马路上差不多只能容车马通过，而在下午这时候行人太多，人行道显得太窄。

比埃尔本能地找人少的路走，他有时候走在石铺

名师点评

的路边，有时候走在路上，步伐很不稳，心里在默想着事情，眼神集中，脸色郑重。他在想什么呢？是在想他正进行的试验？是在想他的朋友余班的工作？余班提交科学院的论文，现在正在他的衣袋里装着。是在想玛丽？……他已经在沥青路上走了一会儿，跟在一辆向诺夫桥慢慢驶去的轿式出租马车后面。到了这条街同码头交叉的地方，喧闹声更大了。

一辆开往贡德的电车刚刚沿河驶过，两匹马拉的一辆四轮重货车正由桥上过来，横越车轨，疾驰进多非纳路。比埃尔想穿过马路，走到那边人行道上去。他心不在焉地突然移动，离开出租马车给他的掩护，这辆车的四方车厢遮住了他的视线。他向左走了几步，撞着一头喷着热气的牲口。那辆货车这时候正横过这辆马车，他撞的是驾车的一匹马。两辆车旋风一般的挨近了，比埃尔吃了一惊，拙笨地移动了一下，想贴在马胸前，但它突然后腿站起。这个学者的鞋底在湿地上一滑，听到一声叫喊，引起了一阵惊惧的喊声。比埃尔已经跌在两匹马的铁蹄下了。过路的人大声喊着："站住，站住！"马夫急忙收缰，可是毫无用处，这两匹马仍然向前驰去。

比埃尔倒在地上，活着，并未受伤。他没有喊，差不多也没有移动，马蹄和货车的两个前轮从他身体两旁过去，并没有碰伤他。可能会出现一个奇迹，但是那辆极大的车，载着六吨重的东西，还要再走几公尺。左边

阅读提示

万分惊险的一幕，让我们的心跟着情节不断地上下浮动。就这样的一次车祸结束了我们敬爱的比埃尔·居里的人生。

阅读提示

翔实具体的场面描述。没有任何奇迹发生，惨烈的车祸夺走了我们敬爱的比埃尔的生命，但是这并不意味着他将被我们淡忘。

的后轮碰到一个不结实的障碍，一转就把它压碎了。这是一个前额，一个人的脑袋。脑颅碎了，一种红色的黏东西溅在泥里——比埃尔·居里的脑子。几个警察抬起那瞬间就被夺去生命的还有热气的躯体。他们连着叫了好几辆出租马车，但是车夫都不愿意把一个鲜血淋漓的泥污尸体放在车里。过了几分钟，好奇的人都聚拢来挤在一起。人群在那辆停着不动的货车周围越围越密，都向无心造成这场惨剧的车夫路易·马南发出怒喊。后来有两个人抬来了一副担架，把尸体放上去，毫无用处地在一间药房里停了一下，才抬到附近的警察分局去，在那里打开他的钱包，检查他的证件。风声一传出去，说牺牲者是比埃尔·居里，一个教授，一个著名的学者，人们的骚动立刻加倍了。许多人握拳要打马车夫马南，警察不得不出来干涉，保护他。

医生德扈埃先生用海绵洗净那张泥污的脸，细看头上很大的伤口，数了那在二十分钟以前还是颅骨的十六块碎骨。人们用电话通知了理学院。不久，在格昂奥古斯丹路的小警察分局里，深表同情的一个分局长和一个秘书看着这个物理学家的副助手克莱尔先生俯身恸哭，那个车夫马南涨红着脸，也在哭泣。比埃尔躺在他们中间，额上缠了绷带，脸没有受伤也没有盖上，他现在对一切事都不在意了。

那辆货车有五公尺长，装满了军装，停在门前。雨已经把那沾在一个车轮上的血迹一点一点地洗掉了。那

阅读提示

　　悲戚的情景，让读者有身临其境的感觉，心也禁不住跟着悲伤。

名师点评

　　这里运用周围环境的描述，将居里家当时的情境展现在了我们面前。

　　这突如其来的噩耗如同晴天霹雳。居里夫人木讷的反应说明了她因过度悲伤而不知如何发泄的神情，让我们对她不禁生出同情怜惜之情。

　　两匹雄壮而年轻的马，因为主人不在旁边而有点不安，打着响鼻儿，用蹄子敲着地。

　　祸患突然降临在居里的家门。一些汽车和出租马车，沿着巴黎旧城墙逡巡不宁，接着在荒凉的克勒曼大道停住。共和国总统府派来的人在门前按铃，听说"居里夫人没有回来"，没有说明来由就走了。

　　铃又响了，理学院院长保罗·阿佩尔和让·佩韩教授走了进来。只有居里大夫和一个女仆在这所空荡荡的房子里，他看见这些重要的客人觉得惊讶，向前迎接这两个人，看见他们的脸色显得很慌乱。保罗·阿佩尔奉命先通知玛丽，所以在她的公公面前保持一种尴尬的沉默。到了6点钟，锁孔里有钥匙转动的声音，玛丽出现在客厅门口，愉快而且活泼。她从朋友们过于尊敬的态度中，隐约看出有表示哀悼的可怕迹象。

　　保罗·阿佩尔重述了当时的情形，玛丽完全不动，完全僵直，这种神情使人们相信她一点没有听懂。她并没有倒入他们亲切地伸出来扶她的手臂中，她不呻吟，不哭泣。人们说她像木头人一样毫无生气，毫无感觉。过了很长而且可怕的寂静，她的嘴唇终于动了，她低声问着，渴望听到什么否认的话："比埃尔死了？……死了？……真的死了？"一件突如其来的灾祸，可以使一个人完全改变，永远不再恢复原状。这是很普通的事，并不新鲜。虽说如此，那几分钟时光，对于玛丽的性格，对于她和她的女儿们的命运，确有决定性的影响，

名师点评

这是不容忽略的。

　　玛丽·居里并没有由一个幸福的年轻妻子变成无法安慰的孀妇。她的改变不是简单的，却比较严重。使玛丽心碎的内心纷扰，她的错乱思想中的无名恐怖，过于强烈，不能借诉苦或谈心表示出来。"比埃尔死了"这几个字一传到她的意识中，立刻就有一种孤寂和难言之隐笼罩在她的心头，永远摆脱不掉。居里夫人在4月的那一天，不只成了孀妇，同时还成了无法救治的孤独可怜的妇人。目睹这个悲剧的人感觉到在她与他们之间的那层看不见的墙壁。他们表示哀痛和安慰的话语都只在玛丽耳边掠过，她的眼睛是干的，脸色苍白得发灰，似乎听不见他们说什么，很费力才能回答一些最迫切的问题。

　　她用几句简洁的话拒绝剖验——法律调查的最后一道手续，并且要求把比埃尔的尸体移回克勒曼大道。她请求她的朋友佩韩夫人，留伊雷娜住几天。她发了一个电报到华沙："比埃尔因意外事故去世。"然后她到那潮湿的花园去坐下来，两肘支在膝上，两手扶着头，目无所见，耳无所闻，毫无生气，不发一言，等着她的伴侣。

　　有人先给她送来了在比埃尔衣袋里找着的几件可怜的遗物：一支自来水笔，几把钥匙，一个皮夹，一只表，表的机器还在走，表蒙子也没有碎。末了，在晚上8点钟，一辆救护车停在这所房子前面。玛丽爬上车去，

阅读提示

　　居里夫人此时依然无法从失去爱人的悲痛中清醒过来，这对于她来说是一场多么大的灾难啊！

阅读提示

　　作者将事情发生的经过和细节都交代得很清楚，似乎比埃尔·居里并没有去世，而只是暂时休息了。

在半明半暗中看见那个平静和蔼的脸。担架很费事地慢慢抬进窄门。

安德烈·德比尔纳曾到警察分局去运回他的朋友兼老师的遗体，此刻又是他抬着这副悲哀的重担。他们把死者停在楼下一间屋子里，玛丽就在那里独自对着她的丈夫。她吻他的脸，吻他那差不多还有热气的柔软身体，吻他那不可以屈伸的手。

人们把她强拉到隔壁房间里去，不叫看死者入殓。她像是毫无知觉地服从了，后来忽然想起她不能让这几分钟这样过去，想起不应该让任何别的人照料那个血污的遗体，她又回来了，抱住尸体不放。

第二天雅克·居里到了，玛丽的收紧的喉咙才松弛，眼泪的闸门才打开。她独自对着这一存一殁的两兄弟，终于哭出来了。后来她又坚定起来在房子里徘徊，问人是否已经照常给艾芙梳洗。她到花园去叫伊雷娜，隔着栅栏和孩子说话。她告诉孩子，"爸"的头上受了重伤，需要安静。这个无忧无虑的小孩就又去玩耍了。

过了几个星期，玛丽因为在人前说不出她的悲苦，就完全陷于沉默孤寂之中。这种孤寂有时候使她惊惧地叫喊起来。

她打开一本灰色的笔记本，颤抖着写出那些使她窒息的思想。在这几页到处涂改、渍满泪痕而且只能发表几段的文字中，她对比埃尔说话，呼唤他，并且问他问题。她试着把拆散他们的悲剧的每一个细节记述下

名师点评

我的点评

阅读提示

拒绝政府提供的抚恤金，说明了居里夫人高洁、独立、自主的人格魅力。

来，使这种记忆从此永远折磨自己。这个短短的私人日记——玛丽的第一个日记，也是她唯一的一个日记，反映出这个妇人一生中最悲痛的时期。

玛丽失去了伴侣，世界失去了一位伟大的人物。这样残酷地在雨中和泥中长辞人世，惊动了舆论，各国报纸都用好几栏篇幅哀婉动人地报道了多非纳路的不幸事件。许多表示同情的函电纷纷送到克勒曼大道，签名的有国王，有部长，有诗人，有学者，夹杂着一些不知名的人。在成捆的函件、文章、电报之中，有一些有真正感情的呼声。

玛丽成了一架机器，甚至她的孩子的目光都不能唤醒她的感情。她行动呆滞，精神恍惚，似乎已经离开了活着的人们。比埃尔·居里之死，引起了一些重大问题：比埃尔遗下的研究工作怎样进行？他在索尔本的教职怎么办？玛丽的前途如何？她的亲戚们低声讨论着这些问题，听着接踵到克勒曼大道来的部里和学校里的代表的建议。

葬仪举行后的第二天，政府提议给比埃尔·居里的遗孀和遗孤一笔国家抚恤金。雅克征求玛丽的意见，她完全拒绝，她说："我不要抚恤金。我还年轻，能挣钱维持我和我的女儿们的生活。"在这突然加强的说话声中，第一次响起了她惯有的勇气的微弱回音。

当局和居里一家交换意见，颇费踌躇。大学有意留玛丽在学校里工作，可是给她什么头衔？叫她在哪个实验室里工作？能叫这个有天才的妇人听一个主任的指挥吗？到哪里去找一个能够领导比埃尔·居里实验室的教授？有人问起居里夫人自己的意见时，她茫然地回答说，她还不能考虑，她不知道……于是，法国的最高教职第一次给了一个妇人。玛丽心不在焉地听着她公公对她叙述她应该接受的重大任务的一些细节，只用几个字回答："我试一试吧。"1906年5月13日，理学院会议一致决定留下比埃尔·居里设的教席，这个职位以"代课教师"的名义给予玛丽。

❗ 品读·理解

这一章前一部分记述的是居里夫妇在发现和提炼镭之后的生活。铺天盖地的荣誉和奖项，人们好奇探求的目光……使得这两位朴素的学者有些招架不住。后一部分记述的是居里夫人人生当中最不幸的事情——丈夫的离世，这件事给了她很大的打击。

❓ 感悟·思考

1. 居里夫妇最初都被授予了哪些奖项？随后他们又获得了哪项最高荣誉？居里夫人是怎样处理这笔奖金的？

2. 在居里夫妇得到荣誉之后，世界各地和社会各界表现出了怎样的态度？居里夫妇的表现如何？这反映了他们怎样的品质？

第七章　一个人的奋斗 [精读]

名师导读

> 居里夫人在丈夫去世后，承担起照顾家人的责任，她依然努力工作，完成了一项有普遍重要性的工作：制备镭的第一个国际计量单位。同年，由于她发现了镭的化学性质和运用，获得了诺贝尔化学奖。不久，法国医学科学院选她为院士。她同时又承受着某些不怀好意的人的恶毒污蔑，身心遭到极大伤害。不久之后，第一次世界大战爆发，居里夫人是怎样做的呢？

名师点评

阅读提示

用前后对比的手法，将居里夫人不同寻常的经历和承受的生活以及事业交代得很清楚，又达到了让读者对居里夫妇更加钦佩和肃然起敬的效果。

人们钦佩玛丽，她在有一位天才的人支援她的时候，既能够料理家务，又能够完成她所担负的伟大的科学工作。但是人们以为她不可能过更艰苦的生活，也不可能做出更大的努力。可是，"孀居的居里夫人"所担负的责任，会把一个健壮、幸福而且勇敢的男子吓倒。

她必须抚养两个孩子，供给她们和她自己的生活费用，并且出色地承担一个教授职务。她失去了比埃尔·居里杰出的精神财富，然而她必须把她与这个伴侣一同从事的研究继续下去。他的助手和学生得由她来指示和教导，此外还有一个主要的使命：创立一个对得起比埃尔的实验室，使青年研究者能在里面发展放射学这门新科学，这是比埃尔的梦想。玛丽操心的第一件事，是要让她的女儿们和她的公公能过上健康的生活。她在梭镇舍曼得费尔路租了一所不甚雅致的住房，但是附有一座可爱的花园，使这所住房也显得美丽了。居里大夫在这里独自住在一侧分开的屋子里。伊雷娜得到一块地，随她自由栽种，她觉得快乐极了。艾芙由保姆照看着，在草丛里打她喜欢的龟，并且在窄径里追黑猫或虎斑猫。

居里夫人为这种安排所付出的代价是额外的疲劳：由住处到实验室须坐半小时火车。每天早晨，人们都看见她迈着急促的优美的步伐到车站去，像是误了什么必须赶上，像是不知疲倦地在竞赛。这个身穿重孝的妇人永远搭那趟气味不好的列车，永远走进那个二等房间，她的身影不久就为这条路线上的旅客所熟悉。她很少有工夫回梭镇吃午饭，所以又常到拉丁区那些小饭馆去。这是她从前和现在一样独自去的地方，所不同的，只是她那时候年轻，充满了不自觉的希望。或者，她就在实验室里来回踱着，慢慢咀嚼一个面包和一个果子。

晚上她常常很晚才乘火车回家，家里已经亮了灯。在冬天，她到家后第一件事，是去看看前厅里的火炉，自己添煤捅火。她深信世上只有她最会生火，而她也确实知道如何先放纸和劈柴，上面再加上无烟煤或劈柴，像艺术家或化学家一样地安排一切。等那个火炉冒起了火焰，玛丽觉得满意了，就躺在沙发上休息。辛苦了一天，这时候她才喘过气来。她把悲痛深深藏在心里不使

我的点评

名师点评

我的点评

人看见，从来不在别人面前哭泣，不肯让别人怜悯或安慰，从来不对别人发出绝望的呼声，不告诉别人在夜里折磨她的噩梦。

但是她的近亲都忧虑地注意着她那总是无目标地向空中注视着的目光，注意着她那筋络开始痉挛的手。她那感觉过敏的手指，因为许多次被镭灼伤，刺激过深，止不住总是相互摩擦着。

在这几年的悲哀时期中，有两个人帮助玛丽：一个是约瑟夫·斯可罗多夫斯基的妻妹玛丽亚·卡米安斯卡，她是一个娇美而且温柔的妇人，经布罗妮雅请求，她应允在居里家里当家庭女教师和管家。她在这里使玛丽觉得与波兰靠近些，这是远离祖国的境况所难以得到的。后来卡米安斯卡女士因身体不好，不得不回华沙，后来是一些别的波兰保姆，但不如她可靠，也不如她可爱，代替她照料伊雷娜和艾芙。玛丽的另外一个最可贵的同盟，乃是居里大夫。比埃尔之死对他简直是一场大灾难，但是这个老人能从他那严格的理性主义中汲取某种勇气——这是玛丽做不到的。他轻视那些无益的悔恨，轻视对于坟墓的崇拜。比埃尔下葬之后，他从来不到墓地去。既然比埃尔已经完全消灭了，他不让比埃尔的幽灵来折磨自己。

这位老人在1910年2月25日去世。梭镇的墓地在冬季很冷，而且很荒凉，玛丽在那里要掘墓穴的人做了一件出乎意料的工作：她要他们把比埃尔·居里的棺木由

阅读提示

　　从这一举动便可看出居里大夫在面对残酷的人生时能够理性地调整自己，反映出了他性格刚强理性的一面。

穴中移出,把居里大夫的棺木放在底下,再把比埃尔的棺木放下去。在比埃尔的棺木上面留了一个空地方,预备将来葬她自己,因为她愿意与她的丈夫同穴,死后永不分离。她在她的墓穴前看了好久,毫无惧色。

居里夫人是教授、研究者和实验室领导人,以同样出奇的强度工作着。她继续在赛福尔教书。她在索尔本被聘为"实任教授"教放射学,是世界上第一位也是当时唯一一位教这门科目的人。

虽然她觉得法国中等教育有缺点,可是她对于高等教育深为钦佩,希望能赶上从前曾使玛妮雅·斯可罗多夫斯基无限惊奇的教师们。不久,玛丽就着手编她的讲义,在1910年出版了杰出的《放射学专论》,共971页。居里夫妇宣布发现镭还是不久以前的事,从那时以来所得到的关于放射性方面的知识,竟要这样一本巨著才能勉强包罗!

这本著作前面放的不是著者的像,玛丽在内封的前一页放了一张她丈夫的相片,在两年以前的1908年,另一本600页的书里也放了这张相片,那本书叫作《比埃尔·居里的著作》,是玛丽整理修订后出版的。这个孀妇给那本书写了一篇序,追述比埃尔的一生,很克制地悼惜他那不幸的死。

居里夫人的学生人数与日俱增。美国慈善家安德鲁·卡内基在1907年赠给玛丽一些奖学年金,使她在居维埃路可以接受一些新生。他们参加到大学雇用的助

阅读提示

　　居里夫人在失去丈夫之后，并没有消沉失落，而是以更加饱满的激情投入到工作中，让我们更加敬佩仰慕她。

手和一些自愿来此工作的人中来。其中有一个天赋极好、身材很高的男孩莫里斯·居里，他是雅克·居里的儿子，在这个实验室里开始他的科学生涯。玛丽为侄子的成功感到骄傲，她始终像母亲一样仁慈地对待他。老合作者、可靠的朋友、出类拔萃的学者安德烈·德比尔纳，帮助居里夫人照应这十来个人一组的研究人员。

　　玛丽有一个新研究计划。虽然她的健康日渐衰退，她仍把计划完成得很好。她提炼了几公厘氯化镭并且第二次确定了这种物质的分子量。然后她着手离析金属镭。直到那时，她每次制备的"纯"镭，是镭盐这种镭的唯一固定状态。玛丽·居里与安德烈·德比尔纳合作，离析金属镭成功，它能耐受大气因素的作用而不变质。这种操作，是科学中已知的最精细的一种，历史上只做过一次。安德烈·德比尔纳帮助居里夫人研究钋射线。

　　后来玛丽单独工作，发现一种方法，能用镭射气定镭的分量。放射疗法的普遍发展亟须把这种贵重的材料极精确地分成极小的部分。到了要定一毫克的千分之一这种重量时，天平就没有多大用处了。玛丽想到根据放射物质发出来的射线来给这类物质"定量"，这么困难的技术她做成功了，并且在她的实验室里设一个"测量组"。学者、医生们以及普通公民都可以把他们的"放射性"产物或矿物拿到这里来检验，领取一份指明镭含量的证书。她发表《放射性元素分类》和《放射性常数表》，同时她完成了另外一项有普遍重要性的工作：制

名师点评

备镭的第一国际计量单位。玛丽很激动地亲手封好一个轻玻璃管，内装二十一毫克纯氯化镭，她把它郑重地存放在巴黎附近赛福尔国际度量衡标准局：这就是后来遍布五大洲的计量单位的标准。

继居里夫妇的荣誉之后，居里夫人个人的声誉日渐隆盛，像空气一样传布出去。梭镇那所住房的抽屉里，塞满了名誉博士学位的文凭和外国科学院通讯院士的证书。这个领受者不想把它们陈列起来，甚至于也不想把它们开列一张单子。法国只有两种办法对健在的伟大人物表示尊崇：给予荣誉勋位和科学院院士头衔。

1910年拟授予玛丽以骑士十字勋章，但是她受了比埃尔·居里的态度的启发，拒绝加以接受。可是，几个月后，一些过于热心的同事劝她申请为科学院院士，她却没有照样拒绝！难道她忘了她的丈夫当年在失败的时候，甚至在胜利的时候所受到的，在投票方面的屈辱吗？难道她不知道在她周围有许多人嫉妒她吗？是的，她不知道。尤其因为她是一个天真的波兰女子，她想如果拒绝第二祖国给她的这种崇高的科学荣誉，恐怕显得太自负、太忘恩负义了。

和她竞选的是杰出的物理学家和著名的天主教徒埃都亚·布朗利。"赞成居里者"与"赞成布朗利者"、自由思想者与教会中人、赞成选妇女入科学院的人们与反对这种惊人的改革的人们，在各方面都发生了对抗，玛丽无能为力地和惊慌地看着这些她没有料到的争论。到

阅读提示

这些荣誉居里夫人受之无愧，但是和居里夫人伟大的品格相比，荣誉又在她面前黯然失色。

阅读提示

虽然居里夫人知道这次竞选的艰难，但是依然没有拒绝。文章从侧面赞扬了居里夫人的爱国热忱。

居里夫人对科学界所奉献的巨大的科学成果以及她高尚的人格精神只有以这种最高荣誉才足以与之相匹配。

荣誉过后，接踵而来的是世俗的喧嚣和纷扰。这段话真实地告诉读者居里夫人当时面临着社会上某些群体不公平污蔑时所受到的打击。

4点钟，玛丽·居里只差一票落选了。在居里夫妇的经历中，似乎法国的态度永远在跟着别人走。

在1911年这一年的12月，斯德哥尔摩的科学院为了肯定居里夫人在她丈夫去世后所完成的出色工作，授予她诺贝尔化学奖金。从来还没有别的得奖人，无论男女，被认为有两次接受这种奖赏的资格。玛丽请布罗妮雅陪她去瑞典，并且把大女儿伊雷娜也带去了。这个孩子参加了这次庄严的集会，二十四年后，她也要在这个大礼堂里接受这种奖金……除了照例地接待和在王宫里用晚餐之外，还有一些特别为玛丽组织的庆祝会。她保留着的最愉快的回忆是农村妇女组织的一个庆祝会，几百个妇女穿着鲜艳的服装，头上戴着插有点亮的蜡烛的花冠，烛光随着她们的动作闪动。一项伟大的发现，一种传遍的声望，两次诺贝尔奖金，使当时许多人钦羡玛丽，因此也就使许多人仇视她。恶毒的诬蔑像一阵突如其来的狂风一样扑到她身上，并且妄图毁灭她。

有一个阴险的运动在巴黎大肆反对这个四十四岁的衰弱妇人。她因为工作过劳，已经筋疲力尽了。有人责备这个专心工作的学者，说她破坏家庭，玷辱她近年来显扬了的辉煌名姓。虽然她的生活很严肃，很谨慎，而且近几年来特别可怜。人们不必去批评那些发动这种攻击的人，也不必说玛丽如何绝望地而且时常是十分笨拙地挣扎着；人们也无须说到那些新闻记者，他们在这个毫无自卫能力的妇人受匿名信烦扰、受暴力的公开威胁而且有生命危险的时候，还有勇气污辱她。后来其中有些人求她宽恕，说了许多表示懊悔的话，流着眼泪……但是这个罪行已经造成恶果，玛丽被逼得几乎要自杀或发疯，并且因为体力不支，她患了重病。

就在玛丽把前途看得极暗淡的时候，有一个出乎意料的建议向她提了出来，使她极为激动，而且颇费踌躇。自从1905年革命发生之后，沙皇政府逐渐动摇，在俄国，对于思想自由做了一些让步，就是在华沙，生活条件也不像以前那样严酷了。1911年，华沙一个较独立的很活跃的科学协会请玛丽做"名誉会员"。

几个月后，那些知识分子想到一个伟大的计划，要在华沙创设一个放射学实验室，请居里夫人来领导，把这个世界上最伟大的女学者迎接回去，让她永远留在祖国。在一个没有什么顾虑的人看来，这是多么好的机会！她可以借此体面地离开法国，不再理睬诬谤，不再理睬残忍的行为！但是玛丽从来不受怨恨的驱遣，她急切地、真诚地考虑自己的责任所在。回国这个主意很吸引她，同时也使她害怕。这个妇人身体的虚弱状况，使她惧怕做任何决定。此外还有一件事：居里夫妇渴望了很久的实验室，现在终于决定创设了。这时候逃离巴黎，就会使这个希望全归乌有，就是消灭一个伟大的梦想。这是她一生中觉得最没有力气做任何事情的时候，而就在这个时候，两种不相符的使命在折磨着玛丽。思归的心情使她犹疑许久，最后还是写了一封辞谢的信寄

名师点评

我的点评

阅读提示

在个人感情和科学事业之间，居里夫人还是选择了后者。这种牺牲自我的精神怎能不让人由衷地钦佩！

名师点评

爱因斯坦是伟大的物理学家，居里夫人是伟大的化学家，他们都为人类做出了伟大的贡献。而他们之间的友谊也许正是由于有相同的志趣，并且他们之间还彼此敬佩着。

阅读提示

通过居里夫人的朋友爱因斯坦说出的这句话，我们可以看出他是一个对研究执着、痴迷的人，这点也是居里夫人所具有的。

往华沙，她心里多么痛苦啊！她仍然答应在远处领导这个新实验室，并且把它交给两个最好的助手去实地管理：波兰人达尼什和卫丹斯坦因。

1913年玛丽回到华沙去参加放射学实验室落成典礼，身体依旧很不舒服。俄国当局自动不过问她的行动，没有一个官员参加为她组织的庆祝会，因此她的祖国给她的欢迎更为热烈。玛丽平生第一次在一个挤得水泄不通的大礼堂里，用波兰语做科学讲演。

居里夫人的健康逐渐好转。到1913年夏天，玛丽背着背囊徒步游历昂加地纳，想借此试验自己的体力。她的女儿和她们的保姆陪着她，这一组旅行者中还有阿尔伯特·爱因斯坦和他的儿子。几年来，居里夫人和爱因斯坦之间有极好的"天才友谊"，他们彼此钦佩，他们的友谊是坦白而且忠实的。他们有时候讲法语，有时候讲德语，喜欢不断地讨论物理学理论。

孩子们在前面跳跃着做先锋，这次旅行使他们高兴极了。稍后一点，那个爱说话的爱因斯坦精神焕发，对他的同行叙述他心里萦绕着的一些理论，而玛丽因为有极丰富的数学知识，是欧洲极少数能了解爱因斯坦的人之一。伊雷娜和艾芙有时候听见几句有点奇怪的话，觉得很惊讶。爱因斯坦因为心里有事，不知不觉地沿着一些悬崖边上向前走，并且攀登上了一个极峰，而没有注意到他走的是什么样的路。忽然他站住了，抓住玛丽的手臂，喊着说："夫人，你明白我需要知道的是，当一个升降梯坠入真空的时候，乘客准会出什么事……"这样一个动人的忧虑，使那些年轻的孩子们哄然大笑。他们一点没有猜想到，这种想象升降梯坠落含有"相对论"上一些高深的问题！

在这次短期休假之后，玛丽到英国去，后来又到布鲁塞尔去，在那些地方有一些科学上的隆重仪式要她参加。她在伯明翰又接受了一个名誉博士学位。在法国，所有的暴风雨都过去了，这个女学者达到了光荣的极峰。两年以来，工程师内诺正在比埃尔·居里路替她建筑镭研究院。这些事的进行，并不十分顺利。比埃尔·居里刚去世不久，当局就向玛丽提议，征求全国捐款建筑一个实验室。这个孀妇不愿意用多非纳路的灾祸换钱，拒绝采用这种办法。当局就又懈怠了起来。

1909年，巴斯德研究院的院长罗大夫想出一个慷慨的主意，他要给玛丽·居里创设一个实验室。这样，她就可以离开索尔本，来做巴斯德研究院的明星。罗大夫同副校长李亚尔彼此达成谅解，解决了争论。大学和巴斯德研究院共同出资——各出四十万金法郎创设一个镭研究院，里面包括两部分：一部分是研究放射学的实验室，由玛丽·居里领导；一部分是研究生物学和放射疗法的实验室，由著名学者兼医生克娄德·瑞查教授领导，专研究癌瘤治疗方法。这两个孪生的研究机构彼此合作，发展镭学。

玛丽现在常从居维埃路跑到建筑工地去，在那里

名师点评

阅读提示

小小的细节描写，一笔带过，却让读者感受到了居里夫人品格的又一个高尚之处。

我的点评

阅读提示

毫无修饰的语言，蕴涵着真切的感情，字里行间充满了对比埃尔的怀念之情。

拟定计划并且与工程师讨论。这个头发斑白的妇人有一些最新、最"现代化"的意见。她当然想着她个人的工作，但是她尤其愿意建筑一个可以用三十年、五十年的实验室，愿意这个实验室在她化为灰尘之后可以用好多年。她要求宽大的屋子，要求能使研究室充满阳光的大窗户；她还要一个升降梯，不管这种费钱的新设施会使政府派来的工程师如何气恼……她要自己栽种蔷薇，挥动着铲子，用双手在没有盖成的墙脚下堆土，她每天浇水。当她立起身来站在风里的时候，她似乎是在看着那些无生气的石头和有生命的树木一起长高。

她继续在居维埃路工作，有一天早晨，她旧日的实验工友伯弟来找她。这个淳朴的人很难过，因为理化学校也在建筑工作室和梯形教室，而那个棚屋——比埃尔和玛丽的简陋潮湿的木板屋，将要在拆房人的鹤嘴锄下毁平了。玛丽同这个地位很低的旧日朋友，一起到了娄蒙路，向那个棚屋做最后告别。

这个棚屋还在那里，一点没有动。黑板上还有比埃尔写的几行字，因为人们对这些字迹怀着虔敬的关切，所以没有人去碰它。似乎那个门就要打开，就要有一个熟悉的高大身影走进来似的。娄蒙路、居维埃路、比埃尔·居里路，三个地址，三个时期。玛丽自己觉得，她在这一天里已把她那美好而又艰辛的学者生活的道路又经历了一回。

在她面前，前途的轮廓已经很清楚地显现出来了。

名师点评

阅读提示

居里夫人梦寐以求的实验室终于在有生之年落成，这个让她魂牵梦绕了半生的梦想虽然来得有些晚，但是居里夫人毫无怨言，充盈在心的是无尽的喜悦。

生物实验室刚刚完工，瑞果教授的助手已经在里面工作，到晚上，人们已经可以看见那个新建筑的窗户里亮着灯光。

几个月之后，玛丽也要离开P.C.N.学部，把她的仪器移到比埃尔·居里路去。这个女英雄获得这个胜利的时候，已经既不年轻，也不健康，而且还已经失掉了家庭幸福。但是这又有什么关系？她的周围有新设备，有热心的研究者准备同她一起奋斗！不，这不算太晚！在那个白色小建筑中，安装玻璃的工人正在各层楼上唱着歌，吹着口哨。下面的大门口，石头上已经刻了这几个字：镭研究院——居里楼。比埃尔·居里路上这座"前途的庙宇"终于在那个不平常的7月落成了。现在只等着它的镭、它的工作者和它的领导人。这个7月是1914年7月。玛丽的周围异常空虚。

这时，战争爆发了，她的同事和实验室中所有的工作者都已经入伍了。她身边只剩下了她的机械师路易·拉果，因为他有心脏病，动员不动他，还有一个身材太矮小的女仆。玛丽这个波兰女子忘记了法国不过是她的第二祖国，这个做母亲的人不想去和她的孩子们住在一起，这个虚弱有病的人轻视她的疾病，而这个学者准备把她自己的研究工作留到比较太平的时候再做。玛丽只有一个念头：为她的第二祖国服务。

在战争这可怕的变故中，她又表现出了她的预感和主动精神。她关上了实验室的门，像许多勇敢的法国女

阅读提示

在战争中，玛丽选择为她的第二祖国服务，当一名白衣护士。她高尚的品德在战争中得到再一次的体现。

子一样，去当一个白衣护士，她立刻取得在卫生服务机关工作的证件。在这个机关里她发现了当局似乎不加注意的缺点，但是觉得这是很不幸的缺点：所有前线和后方的医院差不多都没有X光检查设备！自从1895年伦琴发现X射线以来，不用动手术就可以探查人体内部，可以"看见"人的骨骼和器官，并且照出相片来。在1914年，法国只有为数有限的几套伦琴仪器，供放射科医生使用。军事卫生服务机关在几个大机构装备了这种设备，供战时应用，如此而已。

居里夫人想出来一个办法，她用法国妇女联合会的款项，创造了第一辆"X光汽车"。她在一辆普通汽车里放了一架伦琴仪器和一个发电机，就用汽车的发动机带动发电机，供给所需电流。这个完全可以移动的设备从1914年8月起巡回各医院，马纳战役的伤兵运送到巴黎后，都用这个设备检查。

德国军队的迅速推进，使玛丽面对一个需要解决的问题。她是应该到布列塔尼和她的女儿们在一起，还是应该留在巴黎？若是敌军有占领首都的威胁，她是否随卫生机关一起撤退？她冷静地考虑这些可能发生的情况，决定了办法：无论什么事发生，她都要留在巴黎。不只是她现在担任的救护工作要她留在这里，她还想到她的实验室，想到居维埃路的精密仪器，想到比埃尔·居里路的新建筑。她想着："我在这里，德国军队或许不敢抢夺它们，但是假如我离开了，所有的东西都会

阅读提示

居里夫人的价值不仅体现在科学领域里，她用自己的聪明才智推动了放射学在医学领域里的运用。

阅读提示

在战争的危险情境下，居里夫人依然本着职业精神，依然没有放弃对科学事业的责任，让我们再一次体会到了她的人格魅力。

阅读提示

时逢战乱，居里夫人可以保持冷静的头脑，将一克镭护送到安全的地方，这件事上她表现出了出色的胆识。

阅读提示

战争给国家带来了灾难，带来了动荡不安。在这里居里夫人一方面不愿张扬自己，而留心不让人知道她是谁，但话却比平常说得多。这又体现了她的爱国精神，不希望人们因谣传而惶恐。

失踪。"她这样不无虚伪地推论着，给指导她的本能找出一些合理的解释。

这个固执而有毅力的玛丽在本能上不喜欢逃避行动，她认为害怕就等于为敌人服务，她决不让得胜的敌人走进无人照料的居里实验室而自鸣得意。她准备离别她的女儿们，把她们托付给她丈夫的哥哥雅克照料。虽然玛丽能够从容地考虑住在被包围、被轰炸甚至于被占领的巴黎生活，然而有一件宝物——实验室所拥有的那一克镭她却要加以保护，不让侵略者侵占。她不敢把这一点珍贵的东西交给任何使者，决定亲自把它运到波尔多去。

玛丽坐在一辆满载政府人员和官员的火车里，身穿一件黑羊驼呢的防尘外衣，带着一个小行囊和一克镭——一个装着许多小试管并且包了铅皮的匣子。居里夫人奇迹般地找到一个能落座的地方，并且还能把那个沉重的包裹放在她面前。她决意不听车厢里悲观的谈话，凝视着窗外阳光普照的田野，但田野上的一切是一派失败气象，铁道沿线的公路上不断有向西逃去的成行的汽车。

她到波尔多去并没有引起注意，但是离开时却引起热烈的评论。一大群人围住这个怪人——"这个要回到那边的女人"。这个"女人"留心不让人知道她是谁，但是话比平常说得多，尽力想平息那些使人惊慌的谣传，并且温和地说巴黎一定"可保"，居民一定不会遭到任何危险。她乘坐的这列兵车里，只有她一个是"平民"，这辆车慢得令人难以置信，有几次它在田野里一停就是好几个小时。有个战士从背包里拿出一大块面包给她，她接受了。从前一天离开实验室的时候起，她就没有工夫吃任何东西，所以饿得要命。在她看来，安静的、受着威胁的巴黎在9月初的灿烂的阳光下，似乎有一种它从来不曾有过的美丽和价值。但是街上已经在传布着一个消息，其猛烈不亚于海啸。德国军队的进攻已被粉碎，马纳战役已经开始！巴黎得救了。

玛丽接她的女儿们回来，她们正强烈抗议让她们过那种流亡生活。艾芙回学校去，伊雷娜取得护士文凭。居里夫人完全料到了：这次战争是长期的，而且伤亡一定很重，伤员越来越需要就地做手术，前线各战地医院里必须随时有外科医生和放射科医生，X光汽车会被请去做极有价值的工作。在战争开始的几个月里，她和伊雷娜有过一次重要的商议。

她对她的女儿说："政府要求个人捐助金子，并且不久就要发行公债。我想把我所有的一点金子献出去，加上我的那些对我毫无用处的科学奖章。还有一件事，纯粹因为懒惰，我把第二次诺贝尔奖金仍旧留在斯德哥尔摩，还是瑞典币。这是我们财产的主要部分。我要把它提回来买战时公债，因为国家需要它。但是我没有什么妄想，这笔钱多半会丢掉的，因此除非你赞成这样办，我决不做这件'蠢事'。"瑞典币换成了法郎，接

阅读提示

为战争捐钱出力，表现了居里夫人可贵的爱国情怀，捐出自己的荣誉奖章则表现了她淡泊名利、务实的品格。

阅读提示

在这里，让我们看到了居里夫人的聪明才智。

阅读提示

居里夫人不为名所累，以一颗平常心传授知识，她的精神也将得到传承，得到人们的敬重和爱戴。

着就变成公债、"国民捐款"、"自动捐献"，并且正如玛丽预料到的，一点一点地消耗完了。居里夫人把她的金子送到法兰西银行，收款的职员接受了金钱，但是很愤激地拒绝把那些光荣的奖章送去销毁。玛丽并不觉得高兴，她认为这种拜物主义是荒谬的，她耸了耸肩，把奖章带回实验室。

镭和X射线一样，对人体有各种疗效。玛丽把她的镭献给一个"射气服务机构"使用。她每星期"加工"镭放出来的射气，把它装在管子里，用以治疗"恶性"伤痕和各种皮肤病。X光汽车，X光设备，射气服务……这还不够。这种技术所需要的专门人才很缺乏，使玛丽很忧虑，她建议政府开办并常设放射科训练班。不久，就有二十个人聚在镭研究院学初级课程，包括电学和X射线理论、实习和解剖学。教授是居里夫人、伊雷娜·居里和可爱而且博学的克兰小姐。

从1916年到1918年，玛丽训练了一百五十个放射科护士，这些人是由各界招募来的，其中有些人受教育程度很低。居里夫人的声望起初使她们很害怕，但是这个物理学家对她们的诚恳态度，很快就使她们折服了。玛丽天生具有一种才干，能使头脑简单的人接受科学。她极喜欢做得很完善的工作，所以当她的一个学徒第一次完成一张没有毛病的X光照片时，她非常高兴，好像这是她自己的胜利一样。法国的盟邦也相继求助于居里夫人的才干。

从1914年起，她时常到比利时的各医院去。1918

年，她带着使命到意大利北方去了一次，研究当地放射性物质的资源。稍后，她欢迎美国远征军约二十名战士到她的实验室来，教他们放射学。虽然如此，她心里极少快乐！她有种种使她不安的切身烦恼，她想到她中断了的工作，想到她在波兰的渺无消息的一家，还有她对于全世界的荒谬疯狂的惊惧。她看见成千具碎裂的躯体，听见呻吟和狂喊，这种记忆在长时期内使她的生活总是郁闷的。1918年，她在实验室里惊讶地听到宣布停战的炮声，她要把镭研究院用旗帜装饰起来。她和她的合作者玛特·克兰到附近各铺子里去找法国国旗。国旗都卖光了，结果她只好买了几块三种颜色的布料，由她的女仆巴的内夫人匆匆地缝在一起，挂在窗前。

玛丽兴奋而且快乐地颤抖，不能镇定。她同克兰小姐上了那辆旧的X光汽车，四年的冒险已使这一辆车遍体鳞伤。P.C.N.学部的一个工人给她充当司机，无目的地开过几条街道，在潮涌一般的快乐而又严肃的人群中驶过。到了贡科德广场，人群阻住汽车，不能前进。有些人爬上这辆雷诺牌汽车的挡泥板，上了车顶。居里夫人的汽车再前进的时候，就带了十来个额外乘客，这些人那天早晨就一直占据着这个临时预备的顶层。

在玛丽看来，这不是一个胜利，而是两个胜利，波兰从灰烬中再生了，它过了一个半世纪的奴隶生活，现在恢复了独立。这个从前的斯可多夫斯基小姐，重新想起她受压迫的童年和她青年时代的挣扎。她从前以虚伪和诡诈应付沙皇的官员，在华沙的一些简陋住房里秘密与流动大学里的同志聚会，教斯茨初基的小农民读书等工作，并没有白费心力。她的"爱国梦"在许多年前几乎使她牺牲她的事业，甚至于牺牲比埃尔·居里的爱。现在这种梦想在她眼前成了事实！

❗ 品读·理解

　　本章写的是居里夫人在丈夫去世之后的生活，没有了丈夫的帮助，居里夫人坚强地靠自己的力量生活，并在事业上取得了更大的成绩，获得诺贝尔化学奖，而她一直以来梦想的实验室也落成了。

　　在第一次世界大战期间，居里夫人四年时间都奔走在战场，并发明了X光汽车，挽救了很多人的生命。

❓ 感悟·思考

　　1. 居里夫人在丈夫去世之后，是如何承担起照顾家庭的重任的？家庭的变故给她带来了怎样的打击？

　　2. 居里夫人在此期间又在科学领域取得了哪些重要的成就？获得了什么重要奖项？在荣誉过后，居里夫人又遭到了怎样的舆论攻击？

第八章　灿烂的晚年 [精读]

🎋 名师导读 🎋

战争结束后，一切恢复了正常。居里夫人继续开始她的工作，但是她没有足够的钱来买镭做研究。就在这时，一位叫麦隆内夫人的美国新闻记者采访了居里夫人，并回到美国集资买了一克镭送给了居里夫人，同时邀请居里夫人走访美国。居里夫人在美国受到热烈的欢迎。在接下来的日子里，居里夫人开始饱受身体疾病的折磨，在1934年7月4日，长期疾病缠身的居里夫人心脏停止了跳动，终年67岁。她患的是恶性贫血症。

持续四年的战争终于结束了，世界恢复平静。玛丽满怀信心地在远处注视着组织和平的人们在工作。战胜国的学者与战败国的学者恢复了交往。玛丽表明了自己的态度，她诚挚地表示甘愿忘却战争带来的一切，但是她依然保留自己的态度，那就是不会采取和其他同事一样的一视同仁的热情和友好态度。

每每在接待德国的物理学家之前，她都会先问道："他在'九·三宣言'上签过名没有？"若是签过名，她就只简单地对他表示客气；若是没有，她就比较友好些，随便与她的同行谈科学，好像没有发生过战事一样。这种只有短暂意义的态度，可以证明玛丽对于知识分子在变乱期间的责任有极为崇高的观念。她并不认为

名师点评

阅读提示

这段话十分明确地写出了居里夫人的政治态度。她认为作为一名知识分子必须具备爱国精神，但是并不意味着一定要参与政治。

阅读提示

通过这一细节描写，把居里夫人原则性的性格特点很好地表达了出来，使人物形象丰满。

阅读提示

字里行间充溢着作者对居里夫人浓烈的爱戴和感叹之情。

伟大的人物能够在战争期间置身事外：在战争期间，玛丽一丝不苟地为法国做着贡献，并且救了许多人的性命。但是她认为有些行动是知识分子不应该参与的。

居里夫人认为知识分子应该努力地捍卫文化和保持自由的思想，不能违背自己的初衷和责任。所以，她对那些在宣言上签字的莱茵河的作家和学者并没有表示非常友好。居里夫人虽然也同其他人一样经历了战争，但是这没有使她成为战争的牺牲品，没有使她树立好战思想，也没有成为宗派主义者。

1919年，她仍然是个纯粹的学者。她一直慈祥地照料着两个亲生的但大不相同的女儿，对她们从不偏爱。在任何生活环境中，她都是伊雷娜和艾芙的保护者和热心的同盟者。

后来，伊雷娜自己有了孩子，玛丽开始细心地照料、关心着两代人。居里夫人也许是因为自己的身体状况有所好转吧，或许也是由于那种属于老年人的安然心态的作用，她开始变得安详。曾经一直困扰和侵袭她的悲伤和病痛也开始变得轻缓，时间已经慢慢磨合了很多往日的烦忧……

1920年5月的一个早晨，一位女士被引进了镭研究院的很小的会客室。她名叫威廉·布朗·麦隆内夫人，在纽约主办一种大型杂志。这次约会，她等了好多年了。麦隆内夫人和许多别的人一样颇为玛丽·居里的生活和工作倾倒，而这个美国理想主义者同时又是一个大记者，她极力设法去接近她所崇拜的人。

麦隆内夫人参观过合众国各资力雄厚的实验室，知道里面的情形，其中爱迪生先生的实验室简直像一座宫殿。看过那种壮丽建筑之后，再看镭研究院，就觉得它太简陋了。这所房子虽然是新的而且也还能用，但是它是照着法国大学建筑的朴实规模造成的。麦隆内夫人也知道在匹兹堡有一些工厂大批炼制镭，她看见过它们发出来的浓烟，以及一长列一长列装载着贵重的钒钾铀矿石的车皮……她到了巴黎，在一间家具很不完备的办公室里，与发现镭的夫人密谈，她问："你最愿意要什么东西？"

居里夫人温和地回答："我需要一克镭，以便继续我的研究，但是我买不起。镭的价格太贵了。"麦隆内夫人想出了一个计划，她要她的同胞赠送一克镭给居里夫人。回到纽约之后，她想找十个有钱的妇女，十个女百万富翁，劝她们每人出一万元，凑起来买这件礼物。可是没有成功，她只找到三个学术保护人肯如此慷慨。她后来想："为什么只要十个有钱的妇女呢？为什么不组织一个全美妇女捐款运动？"在美国，没有办不到的事。麦隆内夫人组织了一个委员会，其中最积极的委员有威廉·佛·穆狄夫人、罗伯特·米德夫人、尼古拉斯·布瑞狄夫人、罗伯特·阿俾大夫和弗兰西斯·卡特·伍德大夫，准备在新大陆的每一个城市中发起筹募活动。

在她拜访居里夫人之后不到一年，她就给居里夫人

名师点评

阅读提示

通过这样的对比，我们可以得出一个信息：居里夫人的工作环境真的很简陋。

阅读提示

居里夫人享誉世界的情形和她这种淳朴超脱显得有些不匹配，但是正因为这样，我们才更加钦佩她。

名师点评

写信说："款项已经落实，镭是你的了！"这些美国妇女慷慨地援助了玛丽·居里。但是，出于对居里夫人的敬仰，她们亲切、友好地问她："来看看我们好吗？我们愿意认识你。"玛丽犹豫不决。她一直惧怕喧闹，美国是世界上很活跃和爱好宣传的国家，走访那里不知道要面对什么样的排场和形势，她只要一想就想退缩。

麦隆内夫人坚持要她去，把她的异议逐一扫除。居里夫人感动了。她抑制住自己的一些顾虑，在五十四岁的年纪进行了平生第一次重大的正式旅行，承担了这次旅行的种种义务。居里夫人力求隐退，这种努力在法国部分地已得到成功。玛丽已经使她的同胞，甚至使接近她的人相信，大学者并非要人。自从她到纽约，这层帘幕揭开了，真相出现了。伊雷娜和艾芙突然发觉，一向与她们住在一起的这个自求隐退的妇人，在世人的眼中代表着什么。

这里的人们在见到这个传奇的妇人之前，心里对她已经产生了一种崇拜，把她列为当代第一流人物。现在她到了这里，和他们在一起，成千成万的人都对这个充满了倦容的客人着了迷，都对这个"沉着羞怯的妇人"、这个"打扮俭素的学者"一见倾倒……麦隆内夫人的房子里摆满了鲜花——有个园艺师因为镭治好了他的癌肿，花了两个月工夫亲自培植极美丽的玫瑰花，使它们发芽和开花，以便送给玛丽。就在这所房子里开了一次紧急会议，决定旅行日程。美国所有的城市，所有的专科学院，所有的综合大学，都邀请居里夫人去访问。成打的奖章、名誉头衔、名誉博士学位，都在等着她……

麦隆内夫人问："你当然带了大学教授的长袍吧？在这些仪式中，这种衣服是必不可少的！"玛丽的天真微笑引起了普遍的惊讶。

玛丽没有带来大学教授的长袍，最妙的理由是她从来没有这种衣服。索尔本教授都必须有一件长袍，但是居里夫人这位唯一的女教授，却把这种打扮的乐趣让那些男子去享用。

麦隆内夫人找来了裁缝，为这个学者做了庄严的长袍，衣料是黑罗缎，用丝绒镶边，将来再罩上博士学位应有的色彩鲜明的无袖长袍。在试衣服的时候，玛丽显得比平时没有耐心，说衣服袖子不舒服，材质偏厚，尤其是绸缎刺激她那被镭烧坏了的手指。

到5月13日，诸事终于齐备。在安德鲁·卡内基夫人家里吃过午餐，在纽约匆匆地游览了一下，居里夫人、麦隆内夫人、伊雷娜和艾芙就动身做流星一般的旅行。

重大的日子到了。5月20日，哈定总统在华盛顿将一克镭——或者不如说是象征性的镭，赠给了居里夫人。赠她的镭分装许多试管，存放在特别衬了铅皮的匣子里，但是这些试管太贵重，它们的辐射太危险，所以仍旧安全地留在工厂里。

一个装着"仿制镭"的匣子放在白宫东厅中央的一张桌子上，大厅里挤满了外交人员、政府高级行政官员、

阅读提示

对科学耐心坚持的居里夫人，却对着装服饰表现出了小脾气，只能说明她虽然在生活中不拘小节，但是对科学却绝对严谨。

阅读提示

这种隆重的接待场面足可以说明居里夫人在世人眼中的重要地位和显赫声誉。

名师点评

陆海军及大学的代表。4点钟，一个双扇的门开了，一列人走进来：先是法国大使朱塞昂先生挽着哈定夫人，再是哈定总统挽着居里夫人，再是麦隆内夫人、伊雷娜·居里和艾芙·居里，再是"玛丽·居里委员会"的女士们。

演说开始了。最后是合众国总统讲话，他诚恳地向她致辞，说她是一个高尚的人，忠诚的妻子，慈爱的母亲。除了她那极艰辛的工作之外，还尽到了妇女的全部天职。

阅读提示

简练、毫不赘述的语言，将当时的情景完整地重现给读者。

他把一卷用三色丝带扎好的文件交给玛丽，并且把一个用水纹绸带系着的极小的金钥匙，挂在她的颈上，这是那个匣子的钥匙。人们认真地听着玛丽的简短谢词。然后客人们在一片愉快的喧哗声中进入蓝厅，再列队从这个学者面前走过。居里夫人坐在一张椅子上，一语不发地向他们微笑着。他们逐一走到跟前，她的女儿们代她握手，并且依照哈定夫人介绍的人的国籍，用英语、波兰语、法语说客气话。

后来他们又排成行列走出去，到了门前的石阶上，一大群摄影记者正在那里等着。有幸参加这次仪式的人们，大声疾呼地宣布"镭的发明者接受她的美国朋友赠送的无价之宝"的新闻记者们，如果听到玛丽·居里在哈定总统把那一克镭赠给她之前，就试图放弃它，一定要大为惊异的。

阅读提示

这再一次展现了居里夫人不从科学中谋取任何物质利益的高尚的精神品格，使她的形象更加丰满。

在举行仪式的前夕，麦隆内夫人把赠予文件给她审阅，她仔细读完后从容地说："这个文件必须修改。美国赠给我的这一克镭，应该永远属于科学；只要我活着，不用说，我将只把它用于科学研究。但是假如就这样规定，那么在我死后，这一克镭就成为私人财产，成为我的女儿们的产业。这是不行的。我希望把它赠予我的实验室。我们能不能找一个律师来？"麦隆内夫人觉得有点为难，回答说："但是……好吧！既然你愿意这样，我们可以在下星期办正式手续。""不要等下星期，不要等明天，就在今晚办妥。这个赠予证书要马上生效，我也许会在几小时内死去的。"

在这很晚的时候，费了很大的事找来了一个律师，他和玛丽共同草拟了附属证书。她立刻签了字。在费城，居里夫人和科学界、实业界著名人士交换了礼物：有一个工厂的经理赠送这个学者五十毫克新钍。著名的美国哲学学会授予她约翰·斯考特奖章，为了表示感谢，玛丽赠送这个学会一个"有历史意义的"压电石英静电计，这是她在最初几年研究工作中自己制造并且使用的。她参观了匹兹堡的制镭工厂，那一克著名的镭就是这个厂炼制的。在大学里，她又得了一个博士学位！玛丽穿上她的教授长袍，这件衣服她穿着很合身而且很舒服，但是她不肯用传统的方帽盖住她的头发，她觉得它难看，并且抱怨它"戴不住"。

在一群学生和戴着硬黑方帽的教授中间，她总是光着头，拿着帽子。最会打扮的人也想不出更好的主意！她的脸在周围许多人的脸中间，显出了天然的美，玛丽

名师点评

阅读提示

仔细体味，我们就可以感觉到作者对母亲——居里夫人的浓厚的深情和敬爱。

阅读提示

居里夫人希望自己以自由学者的身份在自由的学术环境下进行自由的科学研究，体现了她科学至上的原则和精神。

自己却毫无所知。

6月17日，居里夫人不得不第二次中止旅行，她的血压极低，医生们都很不安。玛丽休息了几天，恢复了一点气力，能到波士顿和纽海文，并且到韦尔斯利、耶鲁、哈佛、西蒙、拉得克力夫等大学去。

6月28日，她上了奥林匹克号轮船，她房间里堆满了电报和花束。玛丽疲乏极了，而总的说来，也满意极了。在她的函件中，她说她幸运地"在美国对于法国和波兰的友谊上做了一点极小的贡献"，她引述哈定总统和柯立芝副总统对她两个祖国所表达的同情的言辞。但是不论她怎样谦逊，她也不能不觉得自己在合众国获得了很大的成功，因为她征服了几百万美国人的心，赢得了所有接近她的人的真挚友谊。一直到她去世，麦隆内夫人始终是她的最忠实、最亲切的朋友。

1922年5月15日，国联理事会一致通过邀请"居里·斯可罗多夫斯基夫人"为国际文化合作委员会委员。"居里·斯可罗多夫斯基夫人"接受了。在玛丽一生中，这是一个重要的日子。自从她成了著名人物以来，有几百种慈善事业、几百个联合会和团体请求她列名赞助，她不曾允许过一次。

玛丽没有工夫实际去做工作，所以她不愿意参加那些委员会，尤其是她要在各种环境之下保持绝对的政治中立。她不肯放弃她被称为"纯粹学者"这种美好的头衔，不愿置身于意见的纷争之中，连最无害的宣言她也

从来不肯签名。因此，居里夫人加入国联工作，是有特殊意义的，她只这一次没有忠于科学研究。

国际文化合作委员会网罗了一些著名人物：伯格森、吉尔伯特·墨莱、朱罗·德特瑞……玛丽后来成为副主席。她参加几个专家委员会，以及巴黎的国际文化合作研究院的指导委员会。1922年2月7日，巴黎医学科学院院士的选举结果发表了。

科学院院长晓发尔先生在讲坛上对玛丽说："您是一个伟大的学者，一个竭诚献身工作和为科学牺牲的伟大妇女，一个无论在战争中还是在和平中始终为分外的责任而工作的爱国者，我们向您致敬。您在这里，我们可以从您那儿得到精神上的益处，我们感谢您，有您在我们中间，我们感到自豪。您是第一个进入科学院的法国妇女，但是除您之外，还有哪一个妇女能当之无愧？"

1923年，居里基金会决定郑重庆祝镭的发现二十五周年。政府也参加这个表示敬意的庆祝会，议会两院一致通过一项法案，给居里夫人四万法郎年金作为"国家酬劳"，并规定伊雷娜和艾芙·居里可享有继承权。

自从波兰解放之后，玛丽心里就有了一个伟大的计划：她要在华沙创设一个镭研究院，作为科学研究和癌肿治疗的中心。

她的倔强不足以克服种种困难。波兰在长期的奴役之后，元气刚刚恢复，一切都很缺乏：缺乏财力，缺乏专门人才。而玛丽没有工夫亲自安排，没有工夫亲自募集基金。在一个晴朗的早晨，波兰共和国总统砌了研究院的第一块砖，居里夫人砌第二块，华沙市长砌第三块……这些仪式毫无正规仪式的拘束！

波兰元首斯塔尼斯拉斯·吴哲其耶贺夫斯基惊讶玛丽出国多年后波兰语仍旧说得极好，他这样说并非只是出于客气。他在巴黎的时候，还是斯可罗多夫斯基小姐的同伴。这位总统问她："你还记得吗？三十三年前我带着秘密的政治使命回波兰，你借给我一个旅行用的小枕头，那个枕头很有用！"玛丽笑着回答："我还记得你忘了还我！"过了几年，砖块成墙壁，玛丽和布罗妮雅的努力尚未完结，她们两个都已经把大部分积蓄用在这件工作上面，但是还缺款项购买治疗癌肿所必需的镭。

玛丽并没有失去勇气，她考虑了一下，又把注意力转向西方，转向以前曾给她很大帮助的合众国，转向麦隆内夫人。这个慷慨的美国妇女知道玛丽爱护华沙研究院的心，不下于爱护她自己的实验室。她又做出一个新的奇迹，募集购买一克镭所需的款项——这是美国赠予居里夫人的第二克镭。一切又重新开始！像在1921年一样，玛丽在1929年10月上船前往纽约，代表波兰向合众国致谢。像在1921年一样，人们给她许多荣誉头衔。这次旅行中，胡佛总统邀请她在白宫住了几天。1932年5月29日，玛丽·居里、布罗妮雅·德卢斯卡和波兰国家共同的工作圆满完成，共和国总统摩斯齐茨基先生、居里夫人和瑞果教授，出席了庄严的华沙镭研究院的揭幕典礼。布罗妮雅的办事常识和审美观念，使得这座建筑宽敞、线条和谐。

　　在过去几个月，这里已经用放射治疗法给病人治病。这是玛丽最后一次看见波兰，看见她出生的城市的街道，看见她每次到波兰总怀着的思乡情绪，差不多近于懊悔地去看的维斯杜拉河。她给艾芙写的信里，一再描写她极热烈地依恋的这条河、这片土地和这些岩石。

　　玛丽每次旅行归来，总有一个女儿在车站的月台上迎候，等待居里夫人在特等车厢的一扇窗户前露面。这个学者的样子，一直到死总像一个匆忙的贫穷妇人。她谨慎地拿着一个很大的棕色手提皮包，永远是这一个。这是多年前一个波兰妇女联合会送给她的，里面塞满了纸张、文件、纸夹和眼镜盒子。玛丽的一只手臂抱着一把萎谢了的花，这把很普通而且硬邦邦的花是路上有人赠给她的，给她添了许多麻烦，然而她不肯扔掉。

　　回到家里，当她看邮件的时候，艾芙跪在几个敞开的小皮箱前面，替她清理带回来的行李。每晚，居里夫人坐在地板上，周围散放着纸张、计算尺、小册子。她从来不按照一般"思想家"的习惯，在写字台前坐在圆椅里工作。她需要无限制的地方，才够摆开她的文件和曲线图纸。实验室的"仆役"和工人，也和别的人一样，感觉到她那深藏不露、世上少见的吸引力。玛丽雇私人汽车司机时，人们可以看见乔治·波阿德热泪横流，因为他想到，从此以后每天把居里夫人由比埃尔·居里路送回白杜纳码头的，是另外一个人，而不再是他了。

乔治原是研究院里的杂役，既是干粗活的工友和技工，又是汽车司机和园丁。一种她不大表示出来的深厚的感情，使玛丽依恋所有那些和她共同作战的人，并且使她能够辨别出这个大家庭里最热心、最高尚的人。每逢一个合作者的论文通过了，或是得了文凭，或是被认为有领受某种奖金的资格，她就为这个人举行一次"实验室茶会"。夏天的时候，这种聚会就在室外花园的椴树下举行；冬天的时候，餐具的响声就会突然打破这座建筑中最大的屋子——图书馆的安静。若是这个试验没有得到希望的结果，这个不幸就似乎把玛丽惊呆了。她坐在椅子上，两臂交叉，背是驼的，眼神是空虚的，她的样子突然像一个很老很老的农妇，因为遭了巨大的悲哀而沉默忧伤。那些合作者看见她这样，怕是出了事故，怕是演了悲剧，都来问她出了什么事。玛丽凄然说出一句总括一切的话："没能使铜X沉淀……"

居里夫人时常谈到自己的死，她表面上很镇定地谈论着这一不可避免的事，并且预计到实际的影响。她常常冷静地说这一类的话："我的余年显然已经不多了"或是"在我去世后，镭研究院的命运如何，使我不安"。但是她内心并不真正平静，她不甘心这样，她的全部本能都排斥"寿终"这个概念。从远处赞美她的人们，都以为她过了一生无与伦比的生活，但是在玛丽看来，她这一生无足轻重，与她担当的工作是不相称的。

阅读提示

"坐在椅子上，两臂交叉，背是驼的，眼神是空虚的"等传神的动作和神态描写，将居里夫人那种投入和痴迷科学的精神描述得十分形象。

阅读提示

此段有过渡的作用，为下文所要谈到的内容做铺垫，给读者一个接受的过程。

阅读提示

居里夫人明知道实验危险性的存在，却毫不在乎。这种为科学献身的精神是多么可敬！

阅读提示

岁月不饶人，再加上居里夫人长年累月的危害性工作环境让她的身体一天不如一天。

三十年前，比埃尔·居里因为预感到死神要用偶然事故来夺取他的生命，就怀着一种悲剧的热情埋头工作。现在轮到玛丽，她也接受了这种隐晦的挑战。为抵御她所害怕的袭击，她狂热地用计划和责任在自己周围筑起一道壁垒。

她轻视那种一天比一天明显的疲乏，轻视压迫她的一些慢性疾病：不好的视力，风湿性肩痛，时常发作的耳鸣。她异常匆忙地工作着，而且还带着她惯常所特有的那种漫不经心的态度。她严厉地要她的学生们做种种预防：用夹子拿装着放射性物体的试管，不碰没有遮护的试管。而她自己却永远不注意这些。她勉强遵照镭研究院的规则，允许人验她的血。她的血液成分是不正常的。这有什么关系！

三十五年以来，居里夫人一直在接触镭，一直在呼吸镭射气。在四年的战争期间，她还受过伦琴仪器发出来的更危险的射线。她冒了这么多次危险，使血液略有了变化，手上受了一些讨厌而且痛苦的烧伤，有时干枯，有时化脓，这也算不得很严重的惩罚！

1933年12月居里夫人短期患病，这次的病给她比较深的感受。X光照相显示她的胆囊里有一块结石，斯可罗多夫斯基先生就是死于这种病症！玛丽为了要避免她所害怕的手术，这才注意饮食调养，稍微留心自己的健康。这个学者许多年以来总不顾自己的问题，她计划在梭镇乡间建一所房子，在巴黎搬一个住处，但是一再迟延。

一切直到现在才匆匆开始进行。她审查工程预算，毫不迟疑就决定支付巨额费用。只等天气好的季节一到，就开始建筑梭镇的别墅，并且到1934年10月，就离开白杜纳码头的房子，搬到大学城里新建的一所现代化的房子里去。

玛丽原想做一次旅游，让布罗妮雅看看各处的美丽风景。但是走过几段路，到了她在加发来尔的别墅里，她就着凉了，觉得疲乏已极。玛丽冷得发抖，忽然感到失望，倒在布罗妮雅的怀里，像有病的孩子一样地抽泣。她担心她的书，恐怕患了气管炎就没力气把它写完。布罗妮雅照料她，抚慰她。到了第二天，玛丽抑制住这种精神上的沮丧，从此没有再发生这种情形。

后来阳光普照的天气安慰了她，并且使她感到舒服。等她回到巴黎的时候，她觉得身体好了一点。一个医生说她患流行性感冒，并且与过去四十年所有的医生说的一样，工作过度。玛丽不注意自己一直有低烧。布罗妮雅回波兰去，不知怎么心里总感不安。姐妹俩在开往华沙的火车前面，在那常到的月台上，最后一次互相拥抱。玛丽时病时愈。在她觉得比较强健的时候，就到实验室去；在觉得眩晕软弱的时候，就留在家里写书。每星期用几小时计划她的新住房和在梭镇的别墅。

但是健康的敌人抢到前头了。她的热度更高，颤抖更甚。艾芙不得不耐心地说服她，使她同意再请医生。玛丽总不肯请医生，借口说医生们"叫人厌烦"，而且

"没有钱酬谢他们"，因此没有一个法国开业医生得过居里夫人的诊费。这个学者，这个喜欢进步的人，却像村妇一样不喜欢治疗。在1934年5月一个晴和的下午，她在物理室里工作到3点半钟，疲乏地抚摸着蒸发皿和仪器，这是她的忠实伴侣。她对她的合作者说："我在发烧，我要回家去。"从此她再没有起床。她的病没有确诊，有时说是流行性感冒，有时又说是气管病：与这种病症的斗争令人失望，却迫使她接受一些令人厌倦的治疗。她突然以令人惊骇的顺从态度忍受这些，并且肯让人把她送进医院去做全面检查。两次X光照相，五六次分析，仍使被请到这个学者床边来的专家们困惑莫解。似乎没有一个器官有病，看不出明显的病症。只有肺的X光相片上有她旧有的病灶和有一点发炎的阴影，他们给她用湿包疗法和拔罐疗法医治。

　　当她回到白杜纳码头住房的时候，既不见好，也不见坏，她周围的人开始低声谈到"疗养院"。艾芙担心地对她说了这个办法，玛丽听从了，接受了这个建议，并且动身了。她以为是城市中的喧嚣和灰尘使她不能痊愈，希望比较清新的空气能治好她。她日渐衰弱。在试图把她移进疗养院之前，艾芙请法国最好的医生来诊视了一次。

　　她的病势突然加重，但是医生们仍劝立刻动身。这次旅行痛苦不堪：到圣哲末的时候，玛丽在火车里就支持不住了。她倒在艾芙和护士的怀里晕倒过去。等到把她安顿在桑塞罗谋疗养院中最美丽的一间房里之后，又用X光照了一些相片，又检查了几次：她的肺不是病因，这次移动全无用处。她的体温超过四十度，这是不能瞒玛丽的，因为她总以学者的谨慎态度自己看水银柱。她差不多不说什么，但是她那黯淡的眼睛露出绝望的恐怖。从日内瓦请来的罗斯教授，比较了最近几天检验血液的结果，看出血里的红白血球数目都减得很快。他诊断为极严重的恶性贫血症。玛丽很忧虑她的胆囊里的结石。他安慰她，告诉她决不给她做任何手术，并且想尽办法来给她治疗。但是生命正以极快的速度离开这个疲乏的身体。

7月3日早晨，居里夫人还能最后一次用颤动的手拿温度表，看出表上的度数减低了——临终前永远有的现象。她快乐地笑了。艾芙告诉她这是痊愈的迹象，她现在一定快要复原了。她望着敞开的窗户，怀着动人的求生欲望，怀着希望，对着太阳和岿然不动的群山说："治好我的不是药，而是清新的空气和地方的高度……"

弥留之际，她用微弱一息的尚存的痛苦、迷茫和惋惜的声音发出这样的叹息："我再不能说明我的意思了……我感到缥缈……"她没有说到任何活着的人的名字。她没有叫她的大女儿，没有叫艾芙，也没有叫她的近亲。在她那非凡的头脑里，只浮动着关于她的工作的种种大小挂虑，她断续说着："各章的分段，都应该是一样的……我一直在想这个出版物……"她注视一个茶杯，想用一把茶匙在里面搅动，但是这似乎不是茶匙，而是一把药刀——一种精巧的实验用具："这是用镭做的，还是用钍做的？"

她已经离开人类去和她心爱的"东西"在一起，她已经把她的一生献给了它们，从此将永远与它们在一起。后来她只是又说了几句不清楚的话。医生来给她注射，她忽然对他发出一个表示疲倦的微弱喊声："我不要。我希望别打搅我。"

此处的语言描写表达了居里夫人在最后的时刻所表现出的顽强形象。

她临终的时刻，显示了一个只在表面上软弱者的力量和可怕的抵抗，显示了渐渐冷却的强壮的心，它仍在跳动，不疲倦，不让步。比埃尔·卢依大夫和艾芙每人拉着她一只冰冷的手，还有十六小时工夫，生命和虚无都不属于这个妇人了。

作品很少出现自然景物描写，在此时，纯美的风景衬托着居里夫人安静的死亡，让读者的心一阵阵地疼痛。

黎明的阳光把山峦映成了紫红色，并且开始在明朗的天空运行；温煦的光线洒满房间，照着床上瘦削的脸颊和无表情的灰色眼睛。死亡已经使她的眼睛定住，她的心脏终于停止跳动。科学还须对这个遗体宣布它的判断。那些与已知的恶性贫血不同的异常症状和几次验血，指出了真正的罪魁：镭。

瑞果教授后来写道："居里夫人也许要算是她丈夫和她发现的放射性物质的牺牲者之一。"在桑塞罗谋，涛贝教授写出了如下的例行报告："居里夫人于1934年7月4日在桑塞罗谋去世。她的病症是一种发展很快的发烧的再生障碍性恶性贫血，骨髓不起反应，大半是因为长期辐射积蓄而有了改变。"这个消息由安静的疗养院传了出去，传播向全世界，在几个地方引起极深的悲痛：在华沙有海拉；在柏林的一辆赶往法国的火车里，有约瑟夫·斯可罗多夫斯基和布罗妮雅；在蒙彼利埃有雅克·居里；在伦敦有麦隆内夫人；在巴黎有一些忠诚的朋友。一些青年学者在镭研究院里死气沉沉的仪器前面哭泣。

乔治·福尼埃是玛丽喜欢的学生之一，他后来写道："我们失去了一切。"居里夫人选择了逃避，躲开这些悲哀、激动、尊敬和崇拜，她躺在桑塞罗谋的床上休息。科学家和忠诚的人一直在这所房子里保护她，不许生人进去看她，扰乱她的安息。即使是再好奇的人也没有办法得知居里夫人在去世的瞬间是多么的优美。她穿着白衣服，白发梳向后面，露出她那宽阔的额头，她的面容平和、庄严而且勇敢，像一个武士。那时候，她是世界上美丽、高贵的人。她那双粗糙的、结了老茧的坚硬的手，被镭严重灼伤，它们一向的痉挛已经消失，它们伸在被单上，僵直，一动不动。这是一双做了那么多工作的手。

1934年7月6日星期五下午，居里夫人离开了人间，她毫无排场地去往死后的天堂：没有演说，没有仪仗，没有一个政治家或官员在场。她爱的也爱她的至亲、朋友以及合作的人前来送葬，看着她被葬在梭镇墓地里。她的棺木放在比埃尔·居里的棺木上面，布罗妮雅和约瑟夫·斯可罗多夫斯基向墓穴撒下一把从波兰带来的泥

阅读提示

居里夫妇发现了镭，他们的敬业精神得到了世人的无限敬仰。但是，他们在工作过程中，冒着身体被伤害的危险，不惜自己的生命，让我们潸然泪下。

我的点评

阅读提示

居里夫人离开了，但她在最后仍然为人们留下了财富——《放射学》。她一生对工作的执着，不求名利、非常有责任心的性格特点以及爱国精神表现出了她高尚的品格。

土。墓碑上又新添了一行记载文字：玛丽·居里·斯可罗多夫斯基，1867—1934年。

一年之后，居里夫人在去世之前写成的一本书出版发行，这是她留给年轻的"物理学爱好者"的最后的一笔财富。镭研究院已经恢复工作，在那个明亮的图书馆里的许多科学作品之中，又加上了这一本巨著。灰色的封面上印着著作者的名字："比埃尔·居里夫人，索尔本教授。诺贝尔物理学奖。诺贝尔化学奖。"书名只是一个庄严灿烂的名词：《放射学》。

❗ 品读·理解

本章记述了居里夫人的晚年生活，描述了居里夫人晚年的辉煌和灿烂，走访美国、在家乡建立镭研究院、获得了无数的荣誉和奖章。而可敬的居里夫人终于没能战胜身体的病魔，离开了人世，留给世人永久的芳香。

❓ 感悟·思考

1. 居里夫人在走访美国的时候，受到了什么样的待遇？书中是通过哪些细节描写反衬居里夫人的性格的？

居里夫人后来又被授予了哪些荣誉头衔？她的晚年是在哪里度过的？文章是怎样描写她经受疾病折磨的情形的？

附　　录

居里夫人年表

1867年11月7日

出生于波兰华沙市一个中学教师家庭。父亲乌拉狄斯拉夫·斯可罗多夫斯基是中学的数学和物理教师，母亲布罗尼斯洛娃·柏古斯卡·斯可罗多夫斯基是女子寄宿学校校长。幼名玛妮雅·斯可罗多夫斯基。玛妮雅排行老五，上有三姐一兄，即素希雅、布罗妮雅、海拉和哥哥约瑟夫。

当时波兰处于俄国沙皇——亚历山大二世（1818—1881）统治下。

1868年　一岁

父亲斯可罗多夫斯基任诺佛立普基路公立中学副督学。母亲体弱，患肺病，不得已辞去女校校长职务。

全家搬离费瑞达路那座住了八年的屋子。

1873年　六岁

父亲被俄国当局降职降薪。为了补贴家用，在家收寄宿生，辅导学业。最初只有两三人，后增至十人。

玛妮雅进私立寄宿学校，校长是西科尔斯卡小姐。

1879—1878年 九岁至十一岁

大姐1876年因患斑疹伤寒，母亲1878年因长期患肺结核先后不治去世。

1881年 十四岁

离开寄宿学校，转入俄国管理的公立中学。

俄国沙皇亚历山大二世被刺，亚历山大三世（1844—1894）即位。

1882年 十五岁

法国青年学者比埃尔·居里（1859年5月15日生，时年二十三岁）受聘于巴黎市理化学校，任物理实验室主任。

他与胞兄雅克·居里共同发明居里静电计。

1883年 十六岁

6月，中学毕业。公立中学校方，特别是德文教师巴斯特·麦丁、学监梅叶女士顽固地执行俄国当局的民族压迫政策。

毕业后去波兰南部乡间亲戚处度假。有时与少年伙伴越境去加里西亚丛山中游玩，借以大声说波兰语，放声唱波兰歌。

1884年 十七岁

9月，回华沙。在城内担任家庭教师。

参加波兰爱国青年定期秘密聚会的"流动大学"，听课、做科学实验，并担任扫盲工作。

1886年 十九岁

1月，到普罗克、斯茨初基、索波特担任家庭教师。为资助二姐布罗妮雅前往巴黎深造（华沙的大学不收女生），并为自己升学积攒费用。

1891年　二十四岁
9月，赴巴黎求学。

11月，进入索尔本大学（巴黎大学）理学院物理系。

1893年　二十六岁
7月，以第一名的成绩获得物理学学士学位。

从华沙方面获得"亚历山大奖学金"六百卢布，解决了她的经济困难，得以继续在法国深造。

比埃尔·居里发明不用砝码的精确天平——居里天平。

10月，英国物理学家汤姆生（开尔文勋爵，1824—1907）渡海访问居里。

1894年　二十七岁
接受国家工业促进委员会有报酬的研究钢铁磁性的任务，以补充学习费用的不足。

4月，经波兰学者、瑞士福利堡大学物理学教授约瑟夫·科瓦尔斯基的介绍，与比埃尔·居里结识，以便利用居里领导的设备较好的实验室。

7月，通过数学学士学位考试。

收到比埃尔·居里的论文《论物理现象中的对称原理：电场和磁场的对称性原理》。

比埃尔·居里发现顺磁质的磁化率与绝对温度（T）成反比，初称居里定律。后在1907年经法国物理学家韦斯进一步研究，予以精确化，命名为居里—韦斯定律，方程：X=C/（T－Q）。铁磁物质的转变温度称为居里点（Q），达到此温度，失去铁磁性，呈顺磁性。

俄国沙皇尼古拉二世（1868—1918）即位。

1895年　二十八岁

3月，比埃尔·居里（三十六岁）通过博士学位考试，论文题目是：《在各种温度下物质的磁性》。旋任理化学教授。

4月，玛丽·斯可罗多夫斯基的论文《铀和钍的化合物之放射性》，由李普曼宣读于科学院。

7月26日，玛丽与比埃尔·居里在巴黎郊区梭镇结婚。

玛丽·居里任女子中学教师。

12月，维尔茨堡大学校长、德国物理学家伦琴（1845—1923）发现X射线，提出《关于一种新射线的初步报告》等三篇研究报告。此射线按惯例称为"伦琴射线"，但后来通称X射线。

1896年　二十九岁

3月，法国物理学家柏克勒尔（1852—1908）研究铀盐，发现铀的放射性，时称柏克勒尔射线。

8月，玛丽通过大学毕业生担任教师的职称考试。

得到理化学校校长舒曾伯格（1827—1897）的支持，玛丽谋得职位，在该校物理实验室工作，与比埃尔（室主任）共事。

瑞典化学家诺贝尔（1833—1896）去世。

1897年　三十岁

写出论文：《回火钢的磁化作用》。

9月12日，长女伊雷娜·居里出生。

比埃尔·居里的母亲去世。

1898年　三十一岁

发现钍的放射性。上年末或本年初，德国化学家施密特（1865—1949）也独立发现。

7月，居里夫妇向科学院提出《论沥青铀矿中一种放射性新物质》，说明发现新的放射性元素84号，比铀强四百倍，类似铋，居里夫人建议以她的祖国波兰的名字构造新元素的名称钋（Polonium）。

从此，居里夫妇密切合作，共同研究，建立最早的放射化学工作方法。

12月，居里夫妇和同事贝蒙特向科学院提出《论沥青铀矿中含有一种放射性很强的新物质》，说明又发现新元素88号，放射性比铀强百万倍，命名为镭（Radium）。

玛丽·居里关于发现新元素钋的报告，用波兰文在华沙《斯维阿特罗》画报月刊上发表。

1899年　三十二岁

经过法国科学院通讯院士、维也纳大学地质学教授绪斯（1831—1914）建议，由维也纳科学院交涉，得到奥地利政府馈赠，从所属捷克圣约阿希姆斯塔尔矿领到沥青铀矿残渣一吨，供提炼纯镭之用。

论文三篇：《感应放射性研究》（合作者：德比尔纳）《镭射性的化学作用》《在放射性作用中同时引起的电荷》。

居里夫人研究镭时，发现在射线作用下空气有臭氧生成，并注意到射线使玻璃和瓷器赋色，这就导致辐射化学的建立，研究辐射所引起的化学反应。

把镭分给卢瑟福、柏克勒尔、维拉得（1860—1934）、保尔生等科学界、医学界人士使用。

10月，比埃尔的学生——化学家德比尔纳（1874—1949）成功用氢氧化铵与稀土元素共同沉淀的方法分离出沥青铀矿中所含第三种新的放射性元素锕（actiniium）。他后来参加提炼纯镭的工作。

原子物理学家卢瑟福（1871—1937）发现他所说的镭射气、钍射气，即放射性惰性气体氡（Radon）。不久，德国的唐恩（1848—？）也于1900年发现了镭射气。卢瑟福据放射性辐射的贯穿本领区分α射线、β射线及γ射线。

德国物理学家埃尔斯特（1854—1920）和盖特尔（1855—1923）发现发射粒子的衰变定律。

法籍犹太军官德雷福斯（1859—1935）蒙冤，作家左拉（1840—1902）发表《我控诉》要求无罪释放。比埃尔·居里参加上述斗争，主持正义，抗议政府的错判。

1900年　三十三岁

3月，比埃尔在综合工艺学校得到导师职务。

玛丽在巴黎西南的赛福尔女子高等师范学校任教，讲授物理学。

玛丽的论文《论放射性钡化物的原子量》。

居里夫妇在巴黎国际物理学会上宣读论文《论新放射性物质及其所发射线》。

10月，经彭加勒（1854—1912）推荐，比埃尔到索尔本大学为医科学生开设的物理、化学、博物学讲座（P. C. N.）任教。

两位德国学者瓦尔柯夫和吉泽尔宣称镭对生物组织有奇特效应。后经居里夫妇证实镭射线会烧灼皮肤。

1901年　三十四岁

居里夫妇的论文《论放射性元素》。

比埃尔·居里与德比尔纳的论文《论镭盐引起的感应放射性》。比埃尔·居里与柏克勒尔的论文《镭射线的生理作用》。

瑞典科学院诺贝尔奖金委员会开始按照诺贝尔遗嘱办理奖金颁发事宜。德国物理学家威廉·伦琴由于发现X射线于1901年首次获物理学奖。

1902年 三十五岁

经过三年零九个月的提炼，居里夫妇从数吨残渣中分离出微量（一分克）氯化镭，测得镭原子量为225，后来得到的精确数为226。

玛丽的论文《论镭的原子量》。

比埃尔的论文《论时间的绝对计算》。

比埃尔的学生郎之万（1872—1946）到老师手下工作，从事磁学研究，直到1904年转往法兰西科学院。

德国化学家麦克华特独立发现类碲，后来弄清即为钋。

俄国化学家门捷耶夫（1834—1907）来实验室参观访问，共同探讨放射性问题。

1903年 三十六岁

6月，玛丽向索尔本大学提出博士论文《放射性物质的研究》，获理学博士学位。

比埃尔的论文《论感应放射性及镭射气》。比埃尔与拉伯德的论文《论镭盐自动释放的热量》，他们注意到镭的化合物不断发热，每克镭每小时发热一百卡。

10月10日，我国作家鲁迅以笔名自署在东京出版的《浙江潮》月刊第八期上首次发表介绍镭的文章《说》。文中把居里夫人译作"古篱夫人"，把镭译作"鉌"。

12月，瑞典科学院诺贝尔奖金委员会宣布把本年度诺贝尔物理学奖授予亨利·柏克勒尔和居里夫妇，以奖励前者发现天然放射性，后者对天然镭放射现象所进行的研究。

1904年　三十七岁

1月，《镭》杂志创刊，主编是丹讷（1872—1935）。丹讷于1901年就在比埃尔指导下进行研究。

比埃尔和生物学家布沙尔（1837—1915）（巴尔塔沙尔）的论文《镭射气的生理作用》。这方面的研究后来导致发明居里疗法，即镭疗法。

比埃尔和拉伯德的论文《论温泉所发气体的放射性》。

夏季比埃尔风湿病发作，无法赴瑞典领奖。稍后，瑞典方面把诺贝尔奖状、奖章、奖金（折合七万法郎）交法国公使转交。

10月，比埃尔蒙索尔本大学校长李亚尔推荐，受聘为该校理学院新设物理学讲座正式教授。

11月，玛丽任索尔本大学理学院物理实验室主任。

12月，次女艾芙·居里出生。

1905年　三十八岁

6月，居里夫妇前往斯德哥尔摩瑞典科学院，履行诺贝尔奖金获得者须亲自前往领奖并做学术讲演的规定。

7月，比埃尔当选法兰西科学院院士。

1906年　三十九岁

4月19日，比埃尔被运货马车碾轧致死，享年四十七岁。

玛丽谢绝教育部提出的以居里教授遗孀身份领取国家抚恤金的办法。

5月，受聘于索尔本大学理学院，接替比埃尔讲授物理学课程，年薪一万法郎。11月开讲，讲题为"电与导电材料关系的现代理论"。

7月10日，郎之万《居里先生著作简介》发表于《每月评论》。

1907年　四十岁

居里夫人设法接受五六个研究生。两年内接受美国卡内基奖学金三名研究名额。

提炼得纯氯化镭，并测得原子量为226。

和友人郎之万、佩韩（1870—1942）等合办儿童学习班，指导伊霍娜·居里、弗兰西·佩韩等科学家的子弟八九人的学习，前后办两年。郎之万教数学，玛丽教物理，佩韩教化学，亨利·穆敦教博物，佩韩夫人等教文史。

1908年　四十一岁

为《比埃尔·居里著作集》撰序，追述作者的业绩。该书由法国物理学会托他人编辑，出版于巴黎。

晋升为教授。

1909年　四十二岁

德文论文《镭的原子量》发表于《放射性和电子学年刊》第三十八卷。

伊雷娜·居里入正规学校就读。

1910年　四十三岁

2月，比埃尔的父亲欧仁·居里大夫去世。

和德比尔纳合撰的论文《论钋》发表于《镭》杂志。

《论放射性》两卷出版。

提炼出纯镭元素，测定到各项物理化学性质，还测定氡（Radon）和若干其他元素的半衰期，整理出放射性元素嬗变的系统关系。

9月，参加在比利时布鲁塞尔举行的放射学会议。普朗克、爱因斯坦、卢瑟福、郎之万均出席。

发表《放射性系数表》。

受命制备21毫克金属镭，封存于小试管，存放于巴黎国际度量衡标准局。

1911年　四十四岁

1月，接受友人建议，竞选法兰西科学院院士。许多正派的科学家、公正的社会人士热烈支持，巴黎《求精报》于1月9日学院审查资格之日以头版显著版面发表玛丽·居里照片和手迹，表达了公众的热切愿望。终因院内顽固派及一些人的反对以一票之差落选。

10月，参加在布鲁塞尔举行的第二次索尔维量子学会议。

12月，瑞典科学院诺贝尔奖金委员会宣布以本年度化学奖授予玛丽·居里，以奖励她发现镭、钋元素的化学性质，推进了化学研究。

前往斯德哥尔摩领奖，并做学术讲演。守寡的姐妹布罗妮雅和长女作陪。

1912年　四十五岁

5月，接见波兰教授代表团。该团持波兰作家显克微支（1846—1916）函前来，居里夫人同意指导在华沙建立放射学实验室。

12月，因病住院疗养。

论文《放射性的测量和镭的标准》发表于《物理学杂志》第二期。

前往法国西端布列塔尼半岛。

1913年　四十六岁

夏季接受肾手术后，应英国友人艾尔敦夫人之邀，前往英国休养。

参加不列颠学会在伯明翰举行的会议。会见卢瑟福。卢瑟福1910年在布鲁塞尔会议上见到居里夫人后，在家信中提到居里夫人"她脸色苍白，疲劳过度，看上去比她的年龄老得多，工作太劳累，身体很虚弱，总之，看了她的样子真叫人难过"。

论文《放射性物体的照射》发表。

前往华沙为放射学实验室落成揭幕。

1914年　四十七岁

7月，由巴斯德研究院院长罗医师建议而设立的镭学研究所，其生物学和居里疗法实验室，即居里楼落成。居里夫人担任研究院理事会理事。

论文《放射性元素及其分类》发表于《每月评论》。

7月，第一次世界大战爆发。

把价值高昂的实验用镭一克（时值一百万法郎，十五万美元）密封入五十磅重铅罐，秘密存一银行保险库，以免战乱失落。

接受法国妇协（法国红十字会）委派，负责放射部工作，指导各地X射线照相工作，配合战地救护。

1915年　四十八岁

从索尔本大学物理学实验室迁入镭学研究院放射学实验室。

奔波于国内外各地，指导十八个战地医疗服务队。

1916年　四十九岁

在镭学研究院为卫生员开设辐射学速成课，教医生学会寻找人体中异物（例如弹片）位置的新法，受协约国军方赞许。

接受伊雷娜（十九岁）、马施·克莱因（后来的比埃尔·韦斯夫人）等为助手。

1917年　五十岁

5月，和郎之万、佩韩等会见英国友人卢瑟福、布里奇（皇家海军中校）等，后者代表英国政府参加英法联合委员会，经法转赴美国商讨三国军事科学协作方案。

美国参战。

1918年　五十一岁

向军需部放射物资委员会报告放射性元素及其原理和应用问题。

前往意大利北部视察放射性物资资源。

伊雷娜·居里担任委任助手。

继续为军队训练X光照相技术人员，包括为参战美军军医开办训练班。

11月，第一次世界大战结束，协约国获胜。

波兰恢复独立。

1919年　五十二岁

重返镭学研究院，指导实验室工作。

再度接受各国选送来要求培养、各地私人团体以及个人请求指导的研究人员。

自本年起至她去世，这个实验室总共提出报告483份，论文34篇，她亲自参加31项研究。

1920年　五十三岁

居里基金会由法国财阀亨利·德·洛特柴尔德子爵倡议建立。本年开始拨款支持镭学研究院。

5月，美国纽约妇女杂志《描述者》总编辑麦隆内夫人（？—1943）采访居里夫人。回国后即发动美国妇女和人民捐款协助居里夫人解决实验研究缺乏镭的困难问题。

1921年　五十四岁

根据战时笔记整理，写成《放射学和战争》，出版于巴黎。

3月8日，接见中国北京大学校长蔡元培。蔡出国考察途中抵巴黎，邀请居里夫人到北京大学讲学。答称："此次不能往，当于将来之暑假中谋之。"终未成行。

5月，母女三人渡海赴美，去接受美国玛丽·居里镭基金募捐委员会"玛丽·居里委员会"所赠送的镭一克（时价十万美元）。赠送仪式于20日在华盛顿白宫举行，美国总统哈定主持。

到费城，接受新钍5厘克，她则以自己最初使用的压电石英计赠美国哲学会。

论文《论同位素学和同位元素》出版于巴黎。

1922年　五十五岁

2月，当选为巴黎医学科学院院士。

5月，应第一次世界大战后建立的国际联盟秘书长埃里克·德拉蒙德爵士根据国际理事会的决定发出的邀请，参加上年设立的国际文化合作委员会。初任委员，后当选为副主席。为此，经常去日内瓦出席会议。

1923年　五十六岁

7月，患白内障，接受眼科手术，未痊愈，后于1924年、1930年，又接受三次手术。

为《英国百科全书》撰写词目。

撰写《比埃尔·居里传》（110页，1924年出版）。

应麦隆内夫人之请，写生平概要。

1924年　五十七岁

索尔本大学举行纪念会庆祝发现镭二十五周年。

3月，德比尔纳发表《纪念发现镭25周年》于《化学和工业》。

法国政府、议会赠予居里夫人四万法郎。

岁末，接受郎之万所介绍的学生弗里德里克·约里奥（1900—1958）参加实验室工作，做研究助手。他本在普瓦泰炮兵学校，以少尉衔参加奥伯维耶工程。

1925年　五十八岁

回华沙，为镭学研究院奠基，担任名誉主任。

中国翻译家王维克在巴黎大学读书时，听过居里夫人讲课。

1926年　五十九岁

10月，长女伊雷娜·居里和弗里德里克·约里奥结婚。婚后，约里奥兼用岳家姓氏，采取复姓约里奥·居里。

居里夫人的波兰语论文《钋的化学性质》发表于华沙。

1927年　六十岁

在布鲁塞尔参加第五次索尔维会议，对美国物理学家康普顿（1892—1962）的报告提出补充意见，意见收于下年《电子和光子》卷。

镭学研究院工作人员因经常受到放射物质辐射影响，出现胃疼、脱发（例如科泰尔夫人），双手灼伤（例如居里夫人）等严重情况，引起注意。开始采取防护措施。

1928年　六十一岁

约里奥·居里夫妇第一篇论文在科学院报告书上发表。

1929年　六十二岁

去美国，代表华沙镭学研究院接受美国人民馈赠的又一克镭，总统胡佛主持赠送仪式。

母女的论文《镭的衰变》。

秋季，接受中国清华大学物理系第一届毕业生施士元到实验室研究锕系元素钋的放射化学性质。

中国物理学界直接受到居里夫人指导的还有郑大章（1906—1944），郑回国后参加北平研究院镭学研究所工作。

艾芙·居里的《战时访问记》记述她在中国抗战后方访问时，谈到居里夫人很尊重、关心中国学生。

1930年　六十三岁

向法国政府申请特别研究补助费，得到五十万法郎。

约里奥·居里提出博士论文《钋的电化学》。

居里夫人的论文《论锕》。

中国留学生郑大章写的《彼得·居里之生平及其贡献》，在巴黎大学中国理科同学会杂志发表。

1931年　六十四岁

前往华沙，主持镭学研究院开幕典礼。

这个时期，巴黎镭学研究院有研究人员二三十人，有镭1.5克，钋200毫居里。

冬季，郎之万访问中国，到北平、杭州，受到物理学、化学界欢迎。

1932年 六十五岁

向国际电学会提出论文《放射性物体三种射线和原子结构的关系》。

8月，中国物理学会成立，郎之万为名誉会员。

12月，和佩韩、德比尔纳主持施士元的论文答辩。施1979年发表《回忆居里夫人》于《光明日报》，文中有答辩时的情景照片。

1933年 六十六岁

前往西班牙首都马德里，参加国际文化合作委员会会议，当选为主席，呼吁各国保卫科学和文化。

10月下旬，和约里奥·居里夫妇一道前往布鲁塞尔的索尔维第七届物理学会议。

12月，患胆结石。

1934年 六十七岁

著作《放射性》（两卷）写成，下年出版。

约里奥·居里夫妇在居里夫人指导下，发现人工放射性。居里夫人感到自己身心日渐衰竭，但眼见实验室研究工作取得进展，亲自培养的第二代取得成就，感到欣慰。她预计女儿夫妇的成绩会得到诺贝尔奖金，果然他们于下年得奖。

6月，住进上萨瓦省桑塞罗谟疗养院。

7月4日，以恶性贫血症（由镭引起）逝世于疗养院。

7月6日，葬于巴黎梭镇居里墓穴。她的兄（约瑟夫·斯可罗多夫斯基）姊（布罗妮雅·德卢斯基）向墓穴撒上从波兰带来的泥土。

7月7日，中国中央研究院院长蔡元培致电吊唁。

北平研究院镭学研究所所长严济慈撰文《悼居里夫人》，发表于《大公报·科学周刊》，并转载于中国科学社编《科学》月刊第十八卷第八期（1007—12页，1934年8月）。

德比尔纳继任居里实验室主任，直至1946年伊雷娜·居里接任。

居里夫人一生共获得10项奖金、16种奖章、107个名誉头衔，特别是获得两次诺贝尔奖，但是她"视名利如粪土"。

她一生拥有过三克镭，她说过："人类也需要梦想者，需要醉心于事业的大公无私。"居里夫人以她的无私打动了所有的人！

主要著作有《同位素及其组成》《论放射性》《放射性物质及其辐射的研究》。

居里夫人的事迹

淡泊名利

居里夫人天下闻名，但她既不求名也不求利。她一生获得各种奖金10次，各种奖章16枚，各种名誉头衔107个，却全不在意。有一天，她的一位朋友来她家做客，忽然看见她的小女儿正在玩英国皇家学会刚刚颁发给她的金质奖章，于是惊讶地说："居里夫人，得到一枚英国皇家学会的奖章，是极高的荣誉，你怎么能给孩子玩呢？"居里夫人笑了笑说："我是想让孩子从小就知道，荣誉就像玩具，只能玩玩而已，决不能看得太重，否则就将一事无成。"

教女有方

居里夫人有两个女儿。"把握智力发展的年龄优势"是居里夫人开发孩子智力的重要"诀窍"。早在女儿不足周岁的时候，居里夫人就引导孩子进行幼儿智力体操训练，引导孩子广泛接触陌生人，去动物园观赏动物，让孩子学游泳，欣赏大自然的美景。孩子稍大一些，她就教她们做一种带艺术色彩的智力体操，教她们唱儿歌、讲童话。再大一些，就让孩子进行智力训练，教她们识字、弹琴、搞手工制作等，还教她们开车、骑马。

居里夫人和朋友们商量——这些朋友们都和她一样，是索尔本的教授；都和她一样，也是家长。在居里夫人的鼓动下，产生了一个教育合作计划——一些有大才大智的学者把他们的儿女聚在一起，实施新教育方法。居里夫人对人类教育界的极大贡献在于她联合了一大批科学家（许多是诺贝尔科学奖获得者）组成科学讲师团，向孩子们开放他们的实验室，亲自对他们的孩子们进行科学启蒙教育，激发孩子们的科学兴趣，破除孩子们对科学的神秘感，鼓励孩子们树立远大的科学理想，坚定孩子们的科学意志，传授孩子们科学方法、科学思维、实验诀窍，使孩子们在少年时代形成极高的智力潜力，使孩子们天生的天才遗传智力得以开发，居里夫人最终培养出了十多位诺贝尔科学奖获得者。

简朴生活

1895年，居里夫人和比埃尔·居里结婚时，新房里只有两把椅子，正好两人各一把。比埃尔·居里觉得椅子太少，建议多添几把，以免客人来了没地方坐，居里夫人却说："有椅子是好的，可是，客人坐下来就不走啦。为了多一点时间搞研究，还是算了吧！"

居里夫人的年薪已增至四万法郎时她照样"大方"。她每次从国外回来，总要带回一些宴会上的菜单，因为这些菜单都是很厚很好的纸片，在背面写字很方便。难怪有人说居里夫人一直到死都像"一个匆忙的贫穷妇人"。

有一次，一位美国记者寻访居里夫人，他走到村子里一座渔家房舍门前，向赤足坐在门口石板上的一位妇女打听居里夫人的住处，当这位妇女抬起头时，记者大吃一惊:原来她就是居里夫人。

品德教育

培养她们节俭朴实、轻财的品德。她对女儿的爱，表现为一种有节制的爱，一种有理智的爱，她对女儿生活上严加管束，要求她们"俭以养志"，她教育女儿说："贫困固然不方便，但过富也不一定是好事。必须依靠自己的力量，谋求生活。"

培养她们不空想、重实际的作风。她告诫两个女儿："我们不应该虚度一生。"

培养她们勇敢、坚强、乐观、克服困难的品格。她常与子女共勉道："我们必须有恒心，尤其要有自信心。"

教育她们必须热爱祖国。除了教她们波兰语，居里夫人还以自己致力于帮助祖国科学发展和波兰留学生的行动感染伊雷娜和艾芙，使她们念念不忘自己的祖国。

居里夫人的荣誉

居里夫人所得奖金

1898年　若涅奖金，巴黎科学院。

1900年　若涅奖金，巴黎科学院。

1902年　若涅奖金，巴黎科学院。

1903年　诺贝尔物理学奖金（与亨利·柏克勒尔和比埃尔·居里合得）。

1904年　奥西利奖金（巴黎报业辛迪加颁发，与埃都亚·布朗利合得）。

1907年　阿克托尼安奖金，英国皇家科学协会。

1911年　诺贝尔化学奖金。

1921年　埃伦·理查兹研究奖金。

1924年　阿让德依侯爵1923年大奖金，附铜奖章，全国工业促进会。

1931年　卡麦伦奖金，爱丁堡大学颁发。

居里夫人所得奖章

1903年　伯特洛奖章（与比埃尔·居里合得）。

1903年　巴黎市荣誉奖章（与比埃尔·居里合得）。

1903年　戴维奖章，伦敦皇家学会（与比埃尔·居里合得）。

1904年　马特奇奖章，意大利科学学会（与比埃尔·居里合得）。

1908年　克尔曼大金奖章，利尔工业协会。

1909年　埃利约特·克瑞生金奖章，富兰克林研究院。

1910年　亚尔伯特奖章，皇家艺术学会，伦敦。

1919年　西班牙阿尔丰斯十二世大十字勋章。

1921年　本哲明·富兰克林奖章，美国哲学学会，费拉德尔菲亚。

1921年　约翰·斯考特奖章，美国哲学学会，费拉德尔菲亚。

1921年　国家社会科学研究院金奖章，纽约。

1921年　威廉·吉布斯奖章，美国化学学会，芝加哥。

1922年　美国放射学学会金奖章。

1924年　罗马尼亚政府一级褒奖，有证书和金奖章。

1929年　纽约市妇女俱乐部联合会奖章。

1931年　美国放射学学院奖章。

居里夫人所得名誉头衔

1904年　莫斯科帝国人类学及人种志之友协会名誉会员。

1904年　英国皇家科学协会名誉会员。

1904年　伦敦化学学会外国会员。

1904年　巴塔维哲学学会通讯会员。

1904年　墨西哥物理学会名誉会员。

1904年　墨西哥科学院名誉院士。

1904年　华沙工业及商业促进委员会名誉委员。

1906年　阿根廷科学学会通讯会员。

1907年　荷兰科学学会外国会员。

1907年　爱丁堡大学名誉法学博士。

1908年　圣彼得堡帝国科学院通讯院士。

1908年　布朗斯威克自然科学学会名誉会员。

1909年　日内瓦大学名誉医学博士。

居里夫人的名言（节选）

弱者坐待时机，强者制造时机。

在成名的道路上，流的不是汗水而是鲜血，他们的名字不是用笔而是用生命写成的。

我以为人们在每一时期都可以过有趣而有用的生活。我们应该不虚度一生，应该能够说："我们已经做了我能做的事。"人们只能要求我们如此，而且只有这样我们才能有一点快乐。

我们波兰人，当国家遭到奴役的时候，是无权离开自己祖国的。

如果能随理想而生活，本着正直自由的精神、勇敢直前的毅力、诚实不自欺的思想而行，一定能臻于至美至善的境地。

我们每天都愉快地过着生活，不要等到日子过去了才找出它们的可爱之点，也不要把所有特别合意的希望都放在未来。

科学的基础是健康的身体。

我要把人生变成科学的梦，然后再把梦变成现实。

我们不得不饮食、睡眠、浏览、恋爱，也就是说，我们不得不接触生活中最甜蜜的事情，不过，我们必须不屈服于这些事物。

生活中没有什么可怕的东西，只有需要理解的东西。

人必须要有耐心，特别是要有信心。

使生活变成幻想，再把幻想化为现实。

人类看不见的世界，并不是空想的幻影，而是被科学的光辉照射的实际存在。尊贵的是科学的力量。

在科学上重要的是研究出来的"东西"，不是研究者"个人"。

体操和音乐两个方面并重，才能够成为完全的人格。因为体操能锻炼身体，音乐可以陶冶精神。

人要有毅力，否则将一事无成。

我从来不曾有过幸运，将来也永远不指望幸运，我的最高原则是：不论对任何困难都决不屈服！

我们生活似乎都不容易，但是那有什么关系？我们应该有恒心，尤其要有自信心！

我认为，你们必须从一种理想主义中去寻求精神力量。在不使我们骄傲的情况下，这种理想主义可把我们的希望和幻想上升到一个很高的境界。

人类也需要富有理想的人。对于这种人说来，无私地发展一种事业是如此的迷人，以致他们不可能去关心他们个人的物质利益。

荣誉就像玩具，只能玩玩而已，绝不能永远守着它，否则就将一事无成。

我把你们的奖金当作荣誉的借款，它帮助我获得了初步的荣誉。借款理应归还，请把它再发给另一些贫寒而又立志争取更大荣誉的波兰青年。

荣誉使我变得越来越愚蠢。当然，这种现象是很常见的，就是一个人的实际情况往往与别人认为他是怎样很不相称。比如我，每每小声咕噜一下也变成了喇叭的独奏。

我认为我们应该在一种理想主义中去寻找精神力量，这种理想主义使我们不骄傲，而能使我们把我们的希望和梦想上升到高尚的境界。

我们必须有恒心，尤其要有自信力！我们必须相信我们的天赋是用来做某种事情的，无论代价多么大，这种事情必须做到。

祖国更重于生命，是我们的母亲，我们的土地。

以诚实不自欺的思想而行，一定能臻于至美至善的境地。

居里夫人自传（节选）

对我来说，结婚之后我的生活开始有了新的变化。与之前几年中我孤独漂泊的生活相比，有极大的差别。我和比埃尔情投意合，相同的科学追求和志趣爱好把我们两个人紧紧地联系在一起。几乎每一天，我们都在一起工作，不怎么分开，这让我到目前为止只拥有比埃尔写给我的几封信而已。我丈夫在教学之余，把时间几乎全都用在他教学的学校实验室里做实验，我也获准与他一起在实验室工作。

我们住在离学校不远的地方，每天花在路上的时间并不多。因为经济比较拮据，我们不得不将大部分时间用在工作上，很少料理家务，我几乎很少自己动手做饭。这样一来，就与我们的学习与研究产生冲突，想要妥善处理这一矛盾并非易事。不过我还算坚强，勉勉强强地总算把两种矛盾处理好了。让我尤为高兴的是，小家庭的生活没有被这些家务琐事搅乱，我们仍旧能过上温馨平静的日子。

在实验室工作的同时，我还得学习一些有用的课程。因为我打算参加师资合格证书考试，以便日后在女子中学任教。经过数月的努力，1896年8月，我以第一名的优异成绩顺利通过考试。

除了在实验室工作，我们的休闲消遣方式就是散步或者骑着自行车去郊外。比埃尔喜欢大自然，对户外活动情有独钟，并且喜欢森林里的动物和植物。他的足迹踏遍了巴黎附近的一座座森林。我一向也喜爱农村，所以经常夫妻双双饶有兴趣地骑车郊游。这种郊游对我对他都有很大的好处，使我们的大脑在紧张的科学研究之后得以充分地放松，紧张的心情得以缓解。郊游归来，往往还会带回几束香气扑鼻的香花野草。有时候，游兴高涨，竟至忘了时间，直到深夜方归。我们还定期去看望比埃尔的父母。他们为我们留着专用的房间。

在休假的时候，我和比埃尔就会骑上自行车，去很远的地方，在奥弗涅和塞樊纳山区，以及海边的许多地方，都留有我们的足迹。我和丈夫都很喜欢长时间的长路程的漫游，每天晚上总要找一个新的地方歇息。如果在同一个地方待得太久，比埃尔就会老想着回到实验室去干活儿。有一年假期，我们一起去了喀尔巴阡山区看望我的家人，而且，因这次远行，比埃尔还学会了几句波兰话。

但是，在我们的生活中，占重要主导地位的还是工作。比埃尔对自己所教授的课程非常认真，仔细地备课，我有时也帮他收集一些资料。在帮他收集资料的过程中，我也同样有所收获。不过，我们的大部分时间还是用于科学研究。

在那时，我们还没有属于自己的个人实验室。学校的实验室虽然可以使用，但却不能满足他的研究需要。故此，我将一个无人涉足的没什么用处的角落当作"试验台"。虽然空间不够大，但是却可以随心所欲，想怎么用就怎么用，没有束缚。我从这件事中悟出一个道理：即使条件十分不令人满意，但是我们在这样的情况下，依然可以有办法去改善，并且有一个愉快的心情工作。这一时期，比埃尔忙于晶体研究，而我则研究钢的磁性。1897年，我的这一研究结束后，当年就发表了研究报告。

这一年，我们爱情的结晶——女儿伊雷娜出生了，这使得我们的生活发生了很大的变化。几个星期后，比埃尔的母亲去世了。我们便在巴黎郊区租了一个带花园的屋子，把他的父亲接过来与我们同住。比埃尔生前，我们同他父亲一直生活在一起。

女儿的出生让我措手不及，很多未曾料到的问题接踵而来。我该怎样权衡我的女儿和我的科学研究之间的关系呢？如果放弃科学研究，对我来说，不是一种巨大的痛苦？比埃尔也觉得我不应该放弃研究，而且他从来就没有这么想过。他经常在说，上帝特别为他造就了我这么个好妻子，就是要让我与他分享一切。我们俩谁都没有考虑放弃我们如此珍爱的科学研究工作。

这样的话，我们只有一条路：雇一个女佣。但我仍旧亲自照料女儿的一切琐事。当我去实验室干活儿时，女儿就交给他的祖父照看。爷爷非常疼爱自己的孙女，好在有了小孙女，他的生活也增添了无尽的欢乐。家人之间的相互关怀、体谅，使我得以安心地从事研究，而且也没耽误对女儿的照料。只有遇到特殊情况，譬如女儿生病什么的，我就得整宿整宿地照看她，生活规律也就随之被打乱了。

因为我和比埃尔长期繁忙地工作，不喜欢被不相干的事情干扰，以至于我们交往的朋友为数甚少。偶尔有一两位与我们比较熟识的科学家到访，我们也就是在客厅或花园里交谈，并且我还一边在照顾女儿。在亲戚方面，只有比埃尔的哥哥与我们一直来往密切，至于我娘家的亲戚，因为离得太远，所以来往不多。我的姐姐、姐夫这时已回波兰创业去了。

我们能够完成一生中的伟大事业完全应该得益于我和丈夫这种平静甚至是与世隔绝的生活方式。这种科学研究事业始于1897年，从未中断过。

我决定要做博士论文了。当时，亨利·贝克莱尔正在从事稀有金属铀盐的实验。这是一项非常有意思的实验，引起了我的关注。当贝克莱尔把铀盐用不透光的黑纸密封之后放在照片底片上，他发现底片会被感光，仿佛受到日光照射似的。贝克莱尔认为，底片之所以被感光，是因为铀盐能放射出一种射线，而这种射线又与日光有所不同，它能穿透不透光的黑纸。此外，贝克莱尔还通过实验证明这种射线能够使得电器放电。一开始，贝克莱尔错以为铀盐射线的产生是因为铀盐曾经在日光下暴晒造成的，但他后来发现铀盐在黑暗中存放几个月之后，仍旧可以放出这种新发现的射线。

比埃尔和我都产生了极大的兴趣，对这种新发现的射线，已经下决心着手对它进行研究。如果想研究这种射线，首先得对它做精确的定量测量。我于是便利用验电器放电的特性进行测量，不过我没有像贝克莱尔那样使用一般的验电器，而是用了一种能做出定量测量的设备。我当初用来测量的这些设备的模型，现已陈列在美国费城医学院。

不久，我们便获得了有趣的结果。我们的实验结果证明，这种射线的放射实际上是铀元素的原子特性之一，而与铀盐的物理和化学性质无关。任何铀盐，只要是所含铀元素越多，它放出的射线也就越强。

我于是又想进一步地弄清楚，是不是还有其他的元素也能像铀盐一样放射出同样的射线？很快我便发现，钍元素也具有同样的特性。正当我准备对铀和钍的放射性做进一步研究的时候，我又发现了一个新的有意思的情况。

我曾有机会用放射性方法检验过一定数量的矿石。如果这些矿石能够产生相同的射线的话，那就可以确定它们含有铀和钍。如果这些矿石的放射强度与矿石所含的铀和钍的成分成正比的话，那就没什么可奇怪的了，但事实上却大不一样，有些矿石放出的放射性强度是铀的三四倍。我对这一新发现进行了仔细的查核，最后认定这是毋庸置疑的事实。我对这一现象进行了认真的分析，得出的只有一种解释：在这种矿石中含有一种未知的元素，其放射性远远超过铀和钍。比埃尔对我的分析表示赞同，于是我便希望能够尽快发现这一未知元素。我深信，只要我和比埃尔齐心协力，就一定能够获得成功。但是，随着研究的深入，我们已经走上了一条通向新科学之路，这是我们开始所没有预料到的，而且，我从此就再也没有离开过这条新的科学之路。

一开始，我并没有指望这种矿石含有较多数量的新元素，因为它早就被人再三地研究分析过了。我最初的估计是，这种矿石的新元素的含量超不过百万分之一。随着研究的不断深入，我们发现我的这种估计还是太高，真实的含量要大大地小于百万分之一。这就更加说明这种新元素的放射性极强。假若一开始我们就知道这种含量极其微乎其微的话，我真的不知道自己还是否有决心、有勇气坚持下去。因为我们的设备很差，经费又不足。现在回想起来，幸亏不知道难度这么大，所以决心才很大，真正干起来之后，尽管发现困难重重，但研究的成果却在不断地显现，所以劲头儿也就大增，不去想那些困难了。经过几年的勤奋刻苦努力之后，我们终于把这种新元素分离出来了，它就是今天人人皆知的镭。现在我把我们研究和发现它的情况简略地介绍一下。

在研究工作的开始阶段，我们对这种未知的化学物质的性质并不了解，只知道它有很强的放射性，于是我们抓住它这一特征，找到切入点。第一步就是想法从圣约阿希姆斯塔尔运来铀沥青矿，对它进行分析研究。除利用常用的化学分析方法以外，我们还用比埃尔发明的精密计电器，精确地测量不同部位的放射性。这种方法今天已经成为一种新的化学分析法的基础了。后来，这一分析法被逐渐地加以改进完善，为许多人所采用，而且他们因此也发现了其他几种放射性元素。

工作持续了几个星期的时候，我们便开始相信我们之前的预测没有偏离轨道。因为未知的那个新元素的放射性在有规律地增强。又过了几个月，我们便从铀沥青中分离出一种与铋混合在一起的元素，其放射性大大超过铀元素，这种新的元素具有明确的化学性质。1897年7月，我们便宣布了这种新元素的存在，并命名它为钋，以怀念我的祖国波兰。

在发现钋的同时，我们还发现从铀沥青矿里分离出来的钡盐中含有另一种未知的元素。我们随即又紧张地工作了几个月，终于分离出来第二种新元素，我们后来才知道它比钋更为重要。1898年12月，我们宣布了这一发现，命名这种新元素为镭。

尽管我们确信我们已经发现了这两种新的元素，但仍然有许多实际的工作需要我们去做，因为我们只利用放射性的特性从铋盐和钡盐中发现了含有微乎其微的新元素，现在得把它们以元素的形式分离出来。我们立即投入到这一工作中去。

但是，这项工作并不容易，因为我们的设备条件太差，而且还得需要有大量的原矿来进行化学分析。我们既没钱购买这些原矿，也没有实验室来做分析实验，也没有助手相帮。我们得白手起家，从头干起。如果说我姐夫认为我在巴黎的早期学习时期是我一生中的英勇卓绝的时期的话，那么我敢毫不夸张地说，我与比埃尔一起从事这项研究的时期则是我俩生活中最最伟大最最英勇的时期。

从先前的试验中我们相信，在圣约阿希姆斯塔尔炼铀厂冶炼后的铀沥青矿废渣里，一定含有镭元素。废渣倒并不值钱，但要把它们弄到巴黎却是件令人大伤脑筋的事情。几经周折，我们成功地用袋子装着这些混有松针的褐色废渣，把它们运到我们的实验室的门前，在那一刻，我真的高兴得跳了起来。后来，我们更得知这一袋袋的废渣的放射性比原矿还要强，我们真的惊诧不已。这些废渣原是堆放在工厂外面的松树林里的，没有经过任何的处理，对我们来说，真的是老天有眼，帮了大忙。后来，奥地利政府应维也纳科学院的要求，允许我们以极低的价格购买了好几吨这种废渣。我们从实验室分离出来的镭，全是利用这些废渣。后来，我收到的那位美国朋友赠送的镭是用其他矿石提炼出来的。

物理和化学学校并未为我们提供合适的试验基地，但幸运的是校长允许我们使用先前作为解剖教学用房的一间废弃的木棚。木棚顶上有一个很大的玻璃天窗，只不过有很多裂痕，一下雨就会漏水。棚内夏天闷热潮湿，冬天阴冷难忍。虽然可以生炉子取暖，但也只有火炉旁边有那么点热气而已。此外，我们还得自己掏钱购置一切必备的仪器装置。木棚里只有一张破旧的松木桌和几个炉台、气灯。做化学实验时，常会产生有毒气体，刺鼻呛人，我们不得不把这种实验移到院子去做，就这样，棚内仍旧有毒气进来。我们就是在如此恶劣的条件之下，拼命地干着。

尽管如此，我们却觉得在这个极其简陋的木棚中，我们度过了一生中最美好最快乐的时光。有时候，实验不能中断，我们便在木棚里随便做点什么当作午餐，充充饥而已。有的时候，我得用一根与我体重不相上下的大铁棒去搅动沸腾着的沥青铀矿。傍晚时分，工作结束时，我已经是散了架似的，连话都懒得说了。还有的时候，我又得研究精密的结晶，进行分离，必须待在灰尘四起的室内。灰尘会影响浓缩镭的程序，难以保存好分离出来的东西，让我苦恼至极。唯一让我觉得满意的是，没有人前来打扰，我们可以安安静静地做我们的实验。实验做得很顺利，眼看令人满意的结果即将获得时，我们会激动不已，说不尽的欢欣与鼓舞，但有的时候，干了半天却不见成效，沮丧失望的心情也在困扰着我们。不过，这种情况持续不一会儿，我们就又去考虑新的设想新的工作了。工作间歇，我和比埃尔便在木棚中踱着步子，仔细地分析，讨论正在做的实验，那种喜悦的心情也是难以表述的。

有时候，我们夜晚也跑到木棚里去，这也是我们一件高兴的事。我们可以在玻璃瓶或玻璃管里看到我们提炼、分离出来的宝贝在向四周散发出淡淡的光彩，真是美丽动人，令我们既欣喜又激动，那闪烁着的奇异光彩，宛如神话中的神灯的光芒。

几个月的时间里，除了短暂的假期之外，我们从未中断过实验研究。我们的研究越来越明显地向我们表明，我们正一步一步地走向成功，因此，我们的信心也就越来越大了。后来，我们的研究工作日益受到人们的关注。我们不仅可以购买到更多的废渣，而且还可以在工厂里进行初步的提炼，这就大大地方便了我们，使我们有更多的时间去做精确的分离工作。

到了这一阶段，我就专门从事提炼纯净的镭，而比埃尔则专心研究新元素散发出来的射线的物理性质。直到我们处理完了一吨的铀沥青矿渣之后，确定的结果才得出来：在含镭最丰富的矿石中，一吨原矿石所含的镭尚不足几分克。

最后，我们分离出来的物质终于显示出元素应具有的性质来。这种元素具有与其他元素极为不同的光谱。我们还能确定出它的原子量的值远远大于钡。我们是1902年获得这些结果的。当时，我们提炼出一分克的极其纯净的氯化镭，就这样，确定镭为一种独立元素的必要证据就完全掌握了。这一工作花费了我们四年的时间，说实在的，如果设备齐全，资金充足的话，也许一年足矣。我们孜孜不倦地求得的结果，奠定了放射性这门新的学科的基础。

几年后，我又提炼出几分克绝对纯净的镭盐，并更加精确地测定出来它的原子量。这之后，我还提炼出来纯金属镭元素本身。不过，1902年仍旧是镭的发现及其性质的正式确定年份。

在这几年中，我们夫妇二人全部心血都用在了研究工作之中，同时，我们的社会地位也发生了变化。1900年，日内瓦大学欲聘任比埃尔为教授，但就在这个时候，巴黎大学却聘他为该校的副教授，而我被聘为位于赛福尔的女子高等师范学校的教授，所以我们没有前去日内瓦，而是选择留在巴黎。

我在女子高等师范学校工作得非常开心，我想方设法让学生们到实验室去实际实验，以提高他们的动手能力。这所学校的学生都是二十岁上下的女生，都是经过严格的考试才被录取的。入学之后，不努力学习很难通过考试，只有取得优异的成绩方能成为中学的老师。进入该校的学生个个勤奋好学，作为老师的我当然也乐意尽自己的能力去教好她们的物理。

但是，自从我们的研究工作成功之后，从那一天起，我和比埃尔的声名开始大了起来，越来越多的人知道我们的存在，我们以往安静的工作环境被破坏，渐渐地，我们的研究工作就受到了干扰。

1903年，我完成了自己的博士论文，并获得了博士学位。这一年的年末，我和比埃尔以及贝克莱尔因发现放射性和放射元素而共同获得诺贝尔物理学奖。获奖之后，报纸杂志大加颂扬，这使得我们有好长一段时间没法安心工作，每天都有人登门造访，有的请我们去做报告，有的则向我们约稿。

能够获得诺贝尔奖真的是一种得之不易的荣誉。并且，有很高的奖金额度。这对我们今后的研究工作大有裨益。美中不足的是，我们已经精疲力竭，两个人往往总有一个体力不支，以致我们都未能在当年前往斯德哥尔摩去领奖和发表演说。一直到1905年，我们才到瑞典的首都去，由比埃尔做了接受诺贝尔奖的答辩。在那里，我们受到了瑞典人们的热情欢迎与接待。

我们在极其恶劣的条件下工作，导致身心疲惫，可现在，由于获奖后，报纸杂志大加颂扬，探访者不断，让我们疲于应付，不胜其烦。

我们所喜爱的平静的、规律的生活被完全破坏了，工作和生活全都受到了影响。我已经说过了，我们必须不受外界的任何干扰，才能继续正常的家庭生活和科学研究工作。前来探访的人虽说是用心很好，但却不知这样会给我们造成什么样的后果。

1904年，我们的第二个女儿出生了，我只好暂时停止做实验研究。这一年，由于荣获诺贝尔奖，再加上社会上的一片赞扬之声，巴黎大学终于聘任比埃尔担任新开设的一个讲座的教授，同时还专为他弄了一个实验室，委任他为实验室主任。这个实验室并不是新修建的，而是把原先空置的房间腾出来让我们使用而已。

1906年，正当我们准备告别我们已使用多年并给我们以无限欢乐的那座木棚时，一场飞来横祸降临在我们头上。我的比埃尔被夺走了，留下我一个人带着孩子并继续我们的共同事业。这场灾难使我失去了我人生旅途上最亲密的伴侣和最好的朋友，其严重影响我真的无法用言语加以表述。这一沉重打击让我的精神处于崩溃状态，觉得自己完全丧失了面对未来的勇气与精力，但是，比埃尔的那句话始终铭刻在我心中，我永远也不会忘记："即使我不在了，你也一定要坚持下去。"

比埃尔去世的时候，正是他的名字和所取得的成就被社会各界了解和探求的阶段，所以在社会上，尤其在科学界，引起了很大的波动，很多人扼腕叹息，都认为这是科学界一个巨大的损失。因此，巴黎科学教育界决定让我接任比埃尔担任了一年半的讲座教席。这可以说是破天荒的决定，因为迄今为止，这种教席尚无一个妇女担任过。巴黎大学做出的这一决定，的确让我感到无上的光荣，使我得以继续进行原来的研究，不然的话，我就很可能不得不放弃了。我本来就有获取此殊荣的念头，我除了一心想着为科学事业奋斗终生之外，没有任何野心和奢望。在这种悲痛难忍的情形之下，让我担任这一教席，不禁使我悲从中来。我在担心自己是否能承担起这一重任。犹豫再三，我觉得至少应该试一试看。于是，自1906年秋天起，我以副教授的资格开始在巴黎大学讲课。两年后，我被聘为正教授。

失去了比埃尔之后，我的生活上的困难不免大大增加。以前是我和比埃尔共同承担的事，现在只好由我独自去承担了。我必须亲自抚养两个女儿。比埃尔的父亲仍然继续住在我那里，他主动提出与我共同承担家庭的重任。他很高兴能帮着照料两个孙女，丧子之痛后，两个孙女是他唯一的慰藉和欢乐。在他的帮助下，两个女儿才得以享受到家庭的欢乐。我们心中的隐痛绝不在女儿们面前流露出来，毕竟她们年龄太小，不能让她过早地去品尝人生的酸楚悲痛。比埃尔的父亲喜欢乡间生活，所以我们便在梭镇租了一所带花园的屋子，离巴黎城里只有半小时的路程。

乡间生活确实好处多多，不仅我公公可以在此安享晚年，两个女儿也可以经常去空旷的田野间玩耍。我白天要上班，经常不在家，只好请了一个保姆。开始请的是我的一个表亲，后来又换了一个挺厚道的女子，后者曾带大过我姐姐的一个女儿。两位保姆都是波兰人，所以我的两个女儿都会说波兰话。我的波兰亲属们不时地也来看望我、安慰我，通常我都让他们假期来，设法在法国海滨相会，有一次我还和他们在波兰山区待了一段日子。

1910年，我敬爱的公公久病不治而去世，我真的伤心悲痛了很长一段时间。他卧病在床期间，我尽可能地抽出时间守在病榻旁陪护他，听他讲述往事。我大女儿当时已十二岁了，对爷爷的逝世尤为悲痛，她已懂得有爷爷的关爱是多么重要，她无法忘却往日祖孙在一起的幸福时光。

梭镇没有什么好的学校。小女儿年岁尚小，她需要的是有利于身心健康的生活环境，譬如室外游戏、散步、入门教育之类。她已经显示出活泼、聪颖的个性特点，尤其喜爱音乐。她姐姐有点像他父亲，不怎么活泼，智力上反应较为迟钝，但很明显的地方是理解问题和善于推论的能力很强，似乎会像比埃尔和我一样，适合搞科学研究。但我并不想让她进入中学念书，我总感觉到中学的课程太多，上课时间太长，并不利于青少年的成长发育。

我认为对孩子的教育应该顺应其身心的健康发育，成长需要。另外，还应该让孩子们更多地学习文艺知识。可是，在大多数学校里，过多的时间用在了读写和练习，家庭作业也不少，压得孩子喘不过气来。而且，这些学校设置的大部分理科课程与实践相脱节。

大学圈中有一些朋友同意我的观点，于是，我们便组织了一个互助合作小组，共同负责对我们的子女进行一种新型的教育。我们每人各担任一门指定的课程。虽然大家工作都很忙，再加上孩子们的年龄大小不一，但我们的热情不减，对这教育改革的实验兴趣很浓。我们在不多的课时里，把理科和文科有机地结合起来，效果颇佳，所有的理科课程都配合着做实验，孩子们对此也很有兴趣。

我们这么干了两年，大多数孩子都有所收获，有所长进，尤其是我的伊雷娜。经过这种学习之后，她竟能插进巴黎一所中学的高年级班，而且未遇太大的困难，各门功课均通过了考试，最后以小于一般学生的年龄进入巴黎大学，学习理科专业。二女儿艾芙没有获得我们的这种新模式的教育，但后来也进了一所学院。一开始只是选修部分课程，后来才转成正式学生，学习全部课程，学习的成绩尚可，我还比较满意。

我对两个孩子的体育锻炼很上心，除了室外的散步以外，我还很重视她们的体操和运动。在法国，对女孩子这方面的教育往往不够重视。我要求两个女儿每天都得做柔软体操，还经常带着她们去山里和海边度假，所以她们俩都会游泳、划船，至于远足或骑车远游，对她们来说更不在话下。

当然，我的大部分时间仍然是用于科学研究，只是兼顾着对她俩的照料而已。有些人，尤其是女人，往往会问我是怎么把两者处理得如此好的，确实，这并非容易做到的事，必须要有坚韧不拔的精神，并且还要做出一定的牺牲。我与两个长大成人的女儿一直感情甚好，相处甚欢。家庭生活中，重要的是相互体谅，彼此尊重，否则彼此之间是不可能感到愉快，自己也不可能精力充沛的。我们母女之间从来不说一句伤人的话，从来不做一件自私自利的事。

1906年，在我接替比埃尔在巴黎大学的教席时，我只有一间勉勉强强可以工作的实验室，不仅狭小，而且设备也不齐全。比埃尔在世时，有一些科学家和学生在帮助他一起工作，我接任后，我因得到他们的鼎力相助，才得以继续研究，而且获得了令人满意的成果。

1907年，我获得安德鲁·卡耐基先生的宝贵的友好赞助，他赠予我的实验室一笔奖金，作为研究之用，使一些有所成就的科学家和学生得以专心于研究。这种赞助很有价值，可以使那些有志于科学研究并且具备研究才能的研究者完成自己的心愿，不致中断研究。为了科学研究事业，社会贤达、有识之士应该多多地设置这种奖金。

当时，我的奋斗方向是竭尽全力提炼出几分克极其纯净的氯化镭来。1907年，我已测出了镭元素的新的原子量，到了1910年，我终于提炼出了纯净的金属镭。这种提炼和测定过程非常精密，需要特别地细心。在一位著名的化学家的大力帮助之下，我才获得了成功。成功之后，我没有再去重复这一实验，因为这种实验过程有丧失镭元素的可能，只有极其小心极其谨慎地操作才可以避免镭元素的丧失。这次成功使我终于见到了这神奇而美妙的白色金属镭。但我不能把它保持在这种美妙的观赏状态，因为许多实验在等着使用它。

而钋元素我却一直未能将它提炼、分离出来。原因是在原矿中它的含量比镭还要少。不过，我的实验室里有一些含钋量很丰富的物质，我们可以用来做各种重要的实验。其中，尤以钋放射时产生的氦气对实验来说最为重要。

我还专门花了一番心思把实验室里的各种测量方法做了很好的改造。我说过，镭之所以被我们发现，是精密的测量在其中起到了极其重要的作用。因此，我想进一步提高测量精密度的方法，这样才有可能获得其他一些新的发现。

我想出了一个非常有效的方法，用镭产生的镭射气来测定镭的数量。我们立刻采用了这一方法，结果测出了一毫克的千分之一左右的极微量的镭，而且测量得十分准确。对于数量比较多的，我们就使用镭射线中具有较强穿透力的 γ 射线加以测量。我的实验室中就有这种设备，利用这种射线测量镭的数量比用天平来测量既快又精确。不过，要用这种新的方法，首先得有一个经过缜密确定的新标准。

对镭的测量方法必须建立在可靠的基础上，这样才能作为实验和科学研究的标准加以使用。除此目的以外，还有一个更加重要且紧迫的原因：镭在现代医学中的应用日益迫切，所以如何控制其使用量以及射线的纯净程度都是必须解决的大事。

在法国，就镭对生物所造成的种种影响曾经做过初步实验，效果不错。实验时所使用的镭就是我的实验室提供的。那时比埃尔还在，实验的结果令大家兴奋不已。因此，一个崭新的医疗分支——镭疗法（在法国被称之为"居里疗法"）首先在法国诞生了，随后其他国家也普遍使用起来。由于镭的需求量与日俱增，制镭工业也相应地迅速发展起来。第一家工厂在法国率先建起，而且成功地发展起来。随后，其他国家也相继建起了制镭工厂，其中最大的一家目前建在美国，因为美国蕴藏着含镭丰富的钒钾铀矿，这种矿提炼镭相对来说比较容易。由于制镭工业的发展，镭治疗技术也随之得到相应的发展。这种治疗方法对某些疾病具有特殊的疗效，尤其是在治癌方面。鉴于此，在不少大的城市里，一些专以这种方法治病的专科医院应运而生，有一些医院甚至存有数克的镭。镭的售价每克高达七万美元，因为原矿中含镭的成分极其微乎其微，因此提炼的成本就高，售价自然也就低不了。

我们工作研究的成果对社会有着很大的贡献，这不仅在科学上有着重要的意义，更重要的是可以治疗一些可怕的病症，这却是我们最初没有预想到的。你们也一定会体会到我现在既意外又激动的心情。这是比埃尔和我多年来辛苦拼搏所获得的回报，是任何东西都无法与之相提并论的。

想要用镭成功地治疗疾病，就要在用量上达到绝对的精准，镭的度量在工业上、医药上、科研上都是至关重要的。

鉴于此，各国的科学家组成了一个委员会，全体成员一致同意制定一个国际标准，共同遵循。制定这一标准的方法是，先用极其精确的方法测定若干极纯净的镭盐，用它作为基本标准，然后再把若干纯净的镭盐的放射性与基本标准做一比对，作为副标准，以便各国加以使用。我受命于该委员会，负责制定这个基本标准。

这个工作极其精密细致，绝对不能有半点马虎。由于重量极轻，大约只有27毫克的氯化镭，称量时必须准确又准确。1911年，我成功地制定出了这个基本标准。这基本标准是一个长数厘米左右的玻璃管，里面装有以前用来测量镭原子量的纯净镭盐，经居委会批准之后，存放在巴黎附近的塞弗尔国际度量衡标准局。居委会还利用该基本标准制备了几个副标准，并已投入使用。在法国各地，但凡存有镭的玻璃管的，其标准的鉴定都是由我的实验室来完成的。鉴定的方法就是测量它们的辐射强度。谁都可以带上他的镭来我们这儿测量、鉴定。在美国，这种事是由标准局负责的。

1910年，我被提名授予法国荣誉骑士勋章。以前也曾有过同样的提名，是授予比埃尔的，但他反对接受任何荣誉，所以没有接受。我的行为准则与比埃尔完全一致，因此在这件事上我也不想违背比埃尔的意愿，尽管内政部多次劝诫，一再要求，但我仍旧拒不接受授勋。与此同时，好几位同事说服我申请成为巴黎科学院院士。比埃尔去世前几个月被选为院士，因此我是否也申请成为院士，颇为踌躇，举棋不定。按照科学院的章程，如果要申请成为院士的话，必须逐一地拜访在巴黎的所有院士，这让我感到极不情愿，但是，如果被选为院士的话，我的实验室就会获得资助。这么一想，我就硬着头皮决心参加院士的竞选。我的这一举动又引起了社会公众的热切关注，大家就科学院是否应该接纳女院士而展开激烈的辩论，一些老的院士坚决反对接纳女性。最后，通过投票，我以一票之差落选。这之后，我就不再去申请了。因为最让我头疼、厌恶的就是要求人帮忙。我心想，这种选举本应该按申请人的业绩来衡量，根本不该自己奔走，私下交易。譬如有一些协会和学会，我自己并未提出任何申请，就主动地把我选为会员了。

1911年年末，由于种种费心劳神的事情堆在一起，弄得我不胜其烦、心力交瘁，终于病倒了，而且病得不轻。但正在这时候，诺贝尔奖又一次光顾了我，而且是授予我一个人的。对于我来说，这确确实实是一个极大的殊荣，尤其是对我所发现的元素和提炼、分离出镭的极大的褒奖。当时，我虽然人在病中，但我仍然决定亲赴斯德哥尔摩去领奖。我是由大姐和女儿伊雷娜陪着去的。颁奖仪式极其隆重，与接待国家元首的气派难分伯仲，让我激动不已。我在斯德哥尔摩受到了热烈的欢迎，尤其是瑞典妇女界，其热情更是让人感动。由于疾患未愈，加上来去鞍马劳顿，等我返回法国时，竟一连卧床数月。由于病情严重，而且为两个女儿的教育考虑，我们只好从梭镇搬到巴黎市内居住了。

1912年，我与几个人合作，在华沙建起了一个镭实验室。这是华沙科学院下属的一个实验室，我被聘任为主任，参与指导。当时，我身体欠佳，没有离开法国回到波兰，但我非常乐意尽自己之所能指导该实验室的研究工作。时间到了1913年，我的健康状况略有好转，我便立刻回到波兰参加该实验室的揭幕庆典。祖国人民对我的热情欢迎令我激动不已。我深切地体会到，波兰人民在如此艰难的环境中，还能以巨大的爱国主义热情，创立有利于祖国的事业，实在是了不起。我永远也不会忘记祖国人民的这种伟大精神。

当我的病患只是部分地好转时，我便已经按捺不住地四处奔走，努力要在巴黎筹建一个更合适一些的实验室。功夫不负苦心人，我的努力终于见到了成果，我理想中的实验室终于在1912年破土动工。巴斯德研究院表示了与新创建的实验室合作的意愿，后经巴黎大学的同意成立了一个镭研究所，包括两个实验室：一个物理实验室，专门研究放射性元素的物理、化学特性；另一个是生物实验室，专门研究放射性在生物和医学上的应用。但是，由于经费不足，施工进度很慢，直到1914年世界大战爆发时，实验室尚未竣工。

1914年暑假期间，如往年一样，两个女儿由她们家庭教师领着，在我之前离开巴黎，在布列塔尼海滨度假屋住下了。我对这位家庭教师十分信赖，由她领着我的女儿我一百个放心。除她们三个人以外，我的同事中还有几位家属也与她们住在一起，因为我工作太忙，很少能与她们度过整个假期。

我原打算7月底便去海边与女儿们会和，但是坏消息不断传来，说很快就会有紧急军事行动，所以我没有去成布列塔尼。处于这种紧张的状态之下，我离开巴黎显然是不合适的，我得留下来静观事态的发展。不久，总动员令颁布了，随即，8月1日，德国对法国宣战。除了我和一位患有严重心脏病的技师以外，实验室的工作人员全部应征入伍了。

接下来的历史性事件是大家都知道的。但是，1914年的八九月份，只有留在巴黎的人才能够真正地体会到首都人民的心怀。他们表现出的是一种临危不惧的英勇气概。总动员令很快就传遍法国各地，每一个法国人都勇敢地、争先恐后地要奔赴前线，去捍卫自己伟大的祖国。在此期间，我每天最急盼的就是前线传来的消息。一开始，传回来的消息变幻莫测，令人摸不着头脑，后来传回来的消息就让人感到事态发展越来越严峻而危险了。首先，小国比利时的军民虽然浴血奋战，但却未能阻止住德国军队，比利时被德国的铁蹄蹂躏了。随即，德军进入乌瓦兹峡谷，直逼巴黎。不久，便传言法国政府将南迁波尔多，许多巴黎市民也随政府纷纷南下，他们多半是不愿也不敢去面对德军侵占巴黎后存在的危险。有钱人家纷纷乘火车逃出巴黎，去往外省乡下避难。火车全部挤得满满当当，人挨人，人贴人，难上难下。不过，总体而言，在这灾难性的1914年，巴黎市民所显现的那种镇定、平静、坚毅的态度还是给我留下了难以磨灭的印象。8月底至9月初的这几天，天气忽然变得风和日丽，不冷不热，十分怡人。在蔚蓝如洗的天空下，首都的那些历史性建筑物全部都显得更加巍峨挺拔，使人感到从未有过的弥足珍贵。

德军日益逼近巴黎，情况十分危急，为了以防万一，我想方设法把我的实验室所贮存的镭存放到安全的地方去。受到政府指令，我把这些镭护送到波尔多，但我不愿意留在那儿，所以决定送到之后，我便立即从波尔多返回巴黎。我乘坐的是运送政府工作人员和行李物品的专列。一路上，从车窗向外望去，只见沿途公路上逃难的人混乱不堪，步行的、乘车的，纷纷在夺路而逃，全都盼着尽快地远离巴黎，找到一个避难之所。

我于傍晚抵达波尔多。我携带的用铅皮保护镭的箱子实在是太沉，根本就提不动，只好在站台上等候来接我的人。久等不来，我着急得如热锅上的蚂蚁，幸好与我同车来波尔多的一位政府工作人员见无人接我，就帮我先把箱子搬到一户人家，请他们腾出一间房间让我度过这个晚上，因为旅馆全都爆满，根本订不上房间。翌日清晨，我觅得一处可靠的住所，把箱子妥善藏好，又办了一应的繁杂的存放手续，然后转乘军列返回巴黎。在波尔多，我曾找过一些波尔多人聊天，而他们也急切地想从我这个从巴黎来的人嘴里打听到确切的消息。当他们得知我在这种时候还要返回巴黎时，无不既惊讶又感佩，让我啼笑皆非。

在返回巴黎时，列车走走停停，有时在中途受阻，一停就是好几个小时，真让人心急如焚。同车的军人都带着干粮，可我却毫无准备，看我饿得不行，他们便分给我些许面包，聊以充饥。当我总算回到巴黎时，听说德军已经改变了进攻方向，马恩河战役已经打响了。

在这次大的战役期间，我和巴黎市民一样，时而为胜利在望而欢欣鼓舞，时而又觉得失败在即而忧愁沮丧。最让我担心的是，如果德国人占领了巴黎，我将与自己的女儿天各一方，长久不能相见。尽管忧心忡忡，但我仍然决定忠于职守，决不离开巴黎。

当马恩河战役以法军的胜利而告终时，巴黎被攻陷的危险也随之解除。于是，我便叫女儿们从布列塔尼返回巴黎，继续上学。许多巴黎居民认为住在外省，远离巴黎较为安全，所以并不急于回到巴黎来，但我的两个女儿却毅然决然地回到了我的身边。因为她们既不愿意与我分隔两地，又不愿意中断学业。

国家处于危难之中，每个人都应尽可能地为自己的国家分忧解难。政府对大学教职员并没有任何硬性规定，但大家都积极主动地行动起来，我也按照自己的专长，利用自己所掌握的知识，尽力地为国家贡献自己的力量。

1914年，战场的情况瞬息万变，从中暴露出法国对这场战争并未做好充分的准备。尤其在救护伤员方面，组织管理工作跟不上，引起舆论一片哗然。我十分关心这方面的工作，很快便感到我很适合去干救护工作，而且说干就干。从这时起直到战争结束，我的大部分时间和精力都投入到这项工作中去了。具体地说，我的工作是为军队医院组织X射线检查和组织医疗队。此外，我还不得不把自己的实验室迁到镭研究所的新楼里去，并且尽可能地给学生们讲课。与此同时，我还经常地研究和考察与军事相关的各种事情。

人人皆知，X射线对内科和外科医生检查病情有极大的帮助。尤其是在战争期间，可以用它来检查、确定弹片嵌入体内的确切部位，便于医生开刀取出来。而且，它还可以显示出骨骼和体内器官损伤的情况，医生因此也就可以知道内伤恢复得怎样。战争期间，这种设备挽救了无数伤员的生命，缩短了他们康复的时间，同时也使得不少人减轻了痛苦以及免于落下终身残疾。

战争一开始，军队中的所有医疗部门都没有X射线治疗设备，也没有这方面的技师，即使是地方医院，也很少见，只有几所大医院里才有，但X射线技师却寥寥无几。战争爆发后，法国各地纷纷组建医院，但都没有这种设备。

为了解决设备与技师缺乏的难题，我便立即把各实验室和贮藏室的所有的X射线设备集中起来，于1914年八九月间建起了几个X射线医疗站，由我训练过的志愿者操纵它们。在马恩河战役中，这几个医疗站起了很大的作用，不过，由于设备和人手的不足，无法满足全巴黎各家医院的需要。后来，在红十字会的协助下，我设计并装备了一辆流动X光透视车，是用一辆普通的敞篷车改装的，把一台设备齐全的X光设备和一台发电机固定在车厢里，利用汽车的发动机带动这台发电机发电，以供应X光设备所需要的电力。这辆流动车到处都可以去，只要哪家医院需要，流动车立即就会赶到。尤其对于急诊的伤病员，这种流动医疗车的作用很大。各家医院经常收进危急病人和重伤员，而这类伤员又无法转送，这时候这种医疗车就很有用武之地了。

正因为这种流动医疗车的巨大作用，所以它的需求量非常的大，而且要求还十分急迫，在一个名为"全国伤病员救护会"机构的帮助之下，而且他们的办事效率又极高，所以我提出的增加流动X光医疗车的庞大计划得以很快地落实了。我在法国与比利时之间的战区以及在法国的其他一些地区，总共创建和改造了两百多个X射线医疗站，并装备了二十辆流动X光医疗车，以供军队之急需。这些流动车都是各界人士慷慨捐赠的，另外还有一些有识之士捐赠了整套的X光设备。这些捐赠对抢救伤兵起了很大的作用。

这些私人捐赠的车辆、设备，在战争开始的头两年发挥了很大的效用，因为当时的军队中的救援单位很少有X光设备的。卫生部看到这些捐赠的设备起的重要作用之后，便自行大规模地生产起这种设备来。但因军队的需求量太大，民众的这种合作仍旧是不可或缺的。直到战争结束后的几年，这种合作都一直保持着。

假如我没有亲自去各医院和救护站视察，不知他们的需求有多么大多么急迫的话，我也很难切切实实地完成这项工作的。在红十字会的帮助下，再加上有卫生部的批示，我得以前往战区和法国各地去做考察，在北部战区和比利时军队驻防区的救护站进行了视察。我去的地方有亚眠、加来、敦克尔刻、弗尔内和波普林格。我还去过凡尔登、南锡、吕纳维尔、贝尔福、贡比涅和维耶柯特莱。在这些远离战区的地方，我还常常在各个救助站帮助工作，因为当地人手紧张，工作又极其繁重。对于我在他们极其困难的情况下所给予的帮助，他们非常感动，还给我写过一些措辞热切的感谢信，这些信我一直珍藏着。

每当救护站的医生请求我予以帮助时，我便亲自驾驶我留着自用的装有X光设备的流动车前去支援。在替伤员们检查之余，我还顺带着了解一下当地急需些什么，返回巴黎后，想方设法地为他们解决燃眉之急。战区救护站的人多半不会使用X光设备，我不得不挑选一些合适的人给予详细的讲解，培训他们。经过几天的训练，他们总算是掌握了操作规程，而伤员们在我培训医务人员的同时也做了必要的检查。一开始，了解X光设备的好处的医生并不多，在我培训之后，他们完全明白了这种设备的妙用，我与他们之间的关系因而更加亲切友好，等我再去那儿工作时，方便得多了。

有几次我驾车去外地的救助站时，大女儿伊雷娜陪着我一同前往。她已十七岁了，已经高中毕业，正就读巴黎大学。她也怀着一颗报国之心，积极地参加战地服务。她学习了看护知识和技术，还学习了X光拍片技术，尽其力量地助我一臂之力。她到过弗尔内和伊普尔之间的战区以及亚眠等地参加救护工作。她工作得很出色，受到过嘉奖，战后还因此而获得过奖章。

　　战争期间的救护工作给我和伊雷娜留下了难以磨灭的印象。开车前往各个救护站，一路上会遇到各种各样意想不到的困难。往往无法确切地知晓还能否继续前行，更不知道在何处投宿、吃饭。然而，在我们坚定的信心面前，再加上运气又好，一个个困难全都迎刃而解了。每当开着我那辆X光流动车上路时，总会遇到不少的问题，譬如，得替车子找一个安全的地方停靠，替助手们解决吃住的问题，有时还得替车子找各种零配件等，不一而足。当时，司机很缺，而我又会开车，所以通常都是我亲自驾车。其实这样反倒更好，虽然人累一些，但可以亲自处理事故，而且仪器设备也可以迅速赶到目的地，如果交由卫生部门去处置，必然会耽搁时间，误了大事，所以军事长官对我的及时周到的服务赞不绝口，尤其对我处理紧急情况的能力更是钦佩不已。

　　我和女儿只要一回忆起奔赴各个救护站时的情景，总是有着一种愉快激越的兴奋劲头涌上心间。我们与各个医院及救护站的医生、护士相处甚得，他们中的女性犹能吃苦耐劳，不怕牺牲，大公无私，我和女儿对她们钦佩不已，常常以她们为榜样，鞭策自己去克服一切困难。正是这种共同的目标和追求，使得我们大家相处得犹如亲朋好友，彼此相互帮助，顺利地完成种种任务。

　　当我们在为比利时救护队服务时，比利时阿尔贝国王和伊丽莎白王后经常前来视察，因此他们亲自接见过我几次。国王和王后态度热忱，和蔼可亲，对伤员关切有加，给我留下极其深刻的印象。

　　但是，最让我们感动的是，伤员们在我们给他们治疗时所表现出来的那种强忍着痛苦不哼一声的坚毅精神。每当这种时候，我们既同情又钦佩地去为他们照透视、拍片子时，都尽可能地又轻又慢，让他们少受点痛苦。有时候，在挪动他们身子时引起疼痛，他们也咬紧牙关，不吭一声。相处一段时间之后，彼此间比较熟悉了，我们通过简单的交谈向他们表达了我们的敬意。

没有做透视的伤员也很想了解这种设备的作用以及对人体的影响，我们就对他们详加讲解。

我们永远也无法忘却战争期间所遇见的摧残人类健康的种种悲惨恐怖的场面，致使我对战争感到无比的憎恨。几年中，我所见到的那些恐怖场面无论哪一次都足以让人憎恨战争。当救护车开到前线时，抬到车里的青壮年伤员，血肉模糊，满身污泥，惨不忍睹，令人心碎。重伤员们奄奄一息，命若游丝。即使是伤势并不致命者，也是得忍受长年累月的痛苦之后才能逐渐康复。

我感到最头疼的一个问题就是如何找到一个训练有素的助手，帮助我使用X光拍片设备。当时，X光拍片技术十分罕见，所以懂这方面知识的人为数甚少。而如果让对这种仪器设备不熟悉的人使用的话，极容易损坏，使用寿命就很短，很快就会成为一堆废弃物。但战争期间，无可奈何，对多数医院操作这种仪器的人就没法要求他们有太多的医学知识，凡是能够识文断字、心灵手巧的人，稍许再懂点电机知识就可以上岗了。如果是大学教师、工程师或大学生，稍加训练就可以成为合格的X光机操作员。不过，战争期间，只有那些暂时免服兵役者，或者正好在我需要工作的地点长住的人，我才可以聘之为我的助手。可是，即使找到了这样的人，没准哪一天又被征去入伍，奔赴前线了，这么一来，我就又得重新寻觅自己的助手了。

鉴于这诸多的不便，我后来就另谋出路，培养一些女性做我的助手。我向卫生部提出了建议，在当时刚成立不久的伊迪斯·卡维尔医院的附属卫校增加一个X光照相科。我的建议获得批准，1916年由镭研所负责组织这个科室，开始培训。整个战争期间，一共培训了一百五十个女子。她们初入培训队时，一般都只有初级教育的水平，但一个个都非常努力，取得了较好的成绩。学习课程除基础理论和一般的实习以外，还给她们讲一些解剖知识。从培训队出去的女子，后来都成了优秀的X光照相技师，多次获得卫生部赞赏。就她们所学习的课程而言，只能成为医护帮手，不过其中有一些人完全具有独立工作的能力。

战争期间的这番X光照相技术经历使我对这门医疗检查的新技术积累了丰富的知识与经验。我觉得应该把这些知识与大家分享，所以我便写了一本小册子——《放射学与战争》。我写此书的目的是想说明并证实X光照相技术对于医疗实践的重要价值，而且我把它在战争期间所获得的发展与和平时期的用途做了详细的比较和说明。

现在我来谈一下战争期间镭治疗的作用以及镭研所创办时的情况。

1915年，存放在波尔多的镭运回巴黎了。我当时已经没有余暇去搞正式的科学研究，所以便专注于用镭来治疗伤员。当然，我们也有一个原则，在使用镭进行治疗时，必须保证别把这种宝贵的物质用光了。我们使用的并不是镭本身，而是镭的射气。我们把这种射气收集到一定的数量之后，就交给救护单位去使用。进行镭射气治疗多半是在大一些的医院，方法也各有不同，但比直接用镭元素进行治疗又方便又实用。但法国尚无国立的镭疗养院，而各家医院也没有镭射气可供使用。

我向卫生部建议，由镭研究所提供装有镭射气的玻璃管，按时供给各救护单位使用。建议获准之后，镭射气服务即于1916年施行，一直持续到战争结束。当时我没有助手，所有的镭射气玻璃管都由我亲自制备，其过程既精确又细致。伤员与平民百姓因使用这种方法治疗而康复的数不胜数。

自巴黎遭空袭时起，卫生部就十分重视对制备这些镭射气玻璃管的实验室的保护，以防止遭到敌机的轰炸。制备镭射气玻璃管就不得不与镭打交道，这是具有一定的危险性的，所以还得想方设法地保护制取人，以防遭受射线的侵害（我有几次就感到浑身不舒服，就是因为不小心受到了射线的照射）。

医疗救护虽说是我在战争期间的主要工作，但我还是做了一些其他的事情。

1918年夏天，德国总攻失败之后，我应意大利政府的邀请，去意大利考察他们放射性矿藏的拥有量。在意大利逗留的一个月期间，我获得了满意的结果，因而引起意大利政府对这一问题的密切关注。

1915年，我的实验室搬进比埃尔·居里街的新建大楼里。由于经费与人手不足，搬迁时困难重重。我亲自驾驶着装备着X光照相设备的车子往返与新居旧屋之间，把实验室的仪器像蚂蚁搬家似的搬到新址去。搬完之后，还得把仪器设备分门别类，重新整理布置。只有我的大女儿和技师在帮助我，可技师身体不好，老是生病。

搬迁之始，我就非常重视在实验室周围的有限的一点点空地上种树，我一向觉得，春天和夏天，能经常看见窗外树木葱茏、绿草茵茵，能使在实验室工作的人心情舒畅，平静释然。我把空地上能种树的地方都给种上了菩提树、枫树，还辟出几个花圃，种上玫瑰花。记得德国人炮轰巴黎的第一天，我去花市买花，回来忙着种在花圃里，忽然有几发炮弹落在了附近，吓了我一大跳，那情景至今也挥之不去。

尽管困难不断，但新实验室总算慢慢地安顿好了。战后，部队士兵开始复原时，我们的实验室基本上准备就绪，所以1919年到1920年开学时，我们可以让学生入学了，我对此尤感欣慰。1919年春季，我在实验室专为美国军人开办了一个特别培训班，伊雷娜为培训班学员进行辅导。这些军人学习非常地认真努力。

战争期间，我同其他许许多多的人一样，过着一生中最辛苦最劳累的日子，从未休过假，只是偶尔在探望两个放假的女儿时才休息这么一两天。大女儿伊雷娜几乎不肯歇着，为了保证她的身体健康，我有时不得不强迫她休息几天。当时，她一边在巴黎大学学习，一边还帮我做着各种各样的服务于战争的工作。二女儿艾芙当时还在读高中。巴黎遭受狂轰滥炸时，她们姐妹两人都不肯离开巴黎去乡下躲避。

四年多的大战造成了前所未有的毁灭性的破坏，是人类所经历的一次浩劫。1918年秋，经各个方面为恢复和平而奔走之后，终于签订了停战协定。然而，真正的和平至今仍未完全到来。残酷而恐怖的战争终于结束了，法国人民算是松了一口气，但战争所带来的种种严重破坏，并不可能一下子就消除掉。人们仍旧生活在水深火热之中，往日的宁静欢快的心情一时也难以再现。

以无数生命为代价换来的胜利带给我的一个最大的快感就是，我的祖国在数百年的奴役压迫之后，现在终于重见天日，获得了自由和独立。这件我梦寐以求又不敢奢望的大事竟让我在有生之年亲眼所见，我的激动心情简直是难以表述。波兰人民长期处于压迫、奴役之下，但忠于祖国的民族精神、斗争精神始终不灭，在整个欧洲经受着狂风暴雨的洗礼之后，终于获得了独立、自由，这是波兰人民的胜利和骄傲。波兰人民几百年来所追求的梦想终于得以实现。在这举国欢庆的时刻，我又回到了阔别多年的祖国的首都——华沙，见到了多年未见的亲朋好友。华沙已经成为新成立的波兰共和国的首都，但经过这么长时期的压迫和奴役，重建一个共和国将会遇到多少的困难啊！其他的暂且不论，单是各种政治力量的重新组合就会遇到许许多多难以预料的困难。

法国各地一片废墟，满目疮痍，人口也失去无数。战争遗留下来的困难一时难于解决，只好慢慢地逐步恢复，进入正常状态。各个实验室，包括我们的镭研所在内，全都难以一时间恢复元气。

战争期间所建立的各种X射线医疗组织，有一部分战后依然存在，X射线医学卫校由于卫生部的坚持被保留住了。镭射气的供应工作非但没有中断，反而扩大了供应的规模，不过这项工作战后已经交由巴斯德实验室主任瑞果博士负责，后来竟然发展成为全国性的大型镭治疗事业。

战后，职员们和学生们陆续复员回来，我的实验室经过重新组合之后，研究工作也逐步走上正轨，但因国家财政困难，想要寻求理想的发展并非容易的事。对我而言，我觉得最为紧迫的是应建立一个独立的镭疗——在法国称之为居里疗法医院。在巴黎郊区还应该建立一个实验分所，以便对大量的原矿石进行实验分析，增强我们人类对放射性元素的认识。

我已不再年轻，精力也大不如前。我常暗自寻思，尽管政府已经开始进行资助，而且也经常会有一些私人给予捐赠，但我不知道自己能不能为晚辈建起一座镭学研究院，既可以了却比埃尔·居里的遗愿，又可以达到为人类谋幸福的目的。

幸运的是，1921年，我得到了一个非常弥足珍贵的帮助。美国的一位慷慨的伟大女性麦隆内夫人，在美国发动全国妇女捐款，成立"玛丽·居里基金会"，她们把捐的钱买了一克镭送给我作为科学研究之用。麦隆内夫人还邀请我和两个女儿前往美国游览，亲自去接受这个礼物和证书，还邀请美国总统在白宫亲手把礼物与证书交给我。大家纷纷解囊，有多有少。美国妇女对我的深厚情谊让我终生难忘。于是，5月初，在巴黎歌剧院举行了欢送我们母女三人赴美的大会，随后我们便乘海轮远渡美国纽约。

在美国逗留期间的一幕幕至今仍历历在目。在白宫举行的欢迎会上，哈定总统发表了热情洋溢、亲切诚挚的演讲。随后，在参观各个大学和学院时，热烈欢迎的场面实在让人感动，不少学院还授予我名誉学位，让我真不知道如何感谢才好。在公众集会上，许多人争相与我握手，表示祝贺，这种种的真情厚谊令我没齿难忘。

我还游览了尼亚加拉大瀑布和大峡谷，大自然的鬼斧神工般的奇迹令我赞叹。

遗憾的是，我身体欠佳，无法实践来时的预定计划。不过，这趟旅行让我的确增长了见识，学会了不少的东西。在这个难得的机会中，我的两个女儿不仅享受到了盛情的款待，而且也增长了不少知识。见到自己母亲的研究成果受到了这样的尊重和赞赏，她们非常自豪。6月底，起程返国的时间到了，在与好友麦隆内夫人以及其他友人告别时，真是难舍难分，依依惜别，谁都不知道今生今世还能再相见与否。

我回到了研究所，因为有了美国友人相赠的一克镭，研究工作不仅顺利地在进行，而且两国人民间的友谊更增添了我们的勇气与信心。话虽如此，要完成预期的重大目标，经济方面的问题依然在困扰着我们，常常感到心有余而力不足。在种种困难面前，我就想到一个根本的问题：一个科学家对科学发展应该采取什么样的态度。

比埃尔和我，都一向是拒绝从自己的科学发现中获取任何物质利益的，因此，我们毫无保留地把提取镭的方法立即公之于众。我们既没申请专利，也没利用它来向企业家提出过任何权益方面的要求。提炼、制取镭的方法极其复杂，我们详细地公布了它。可以说，正是由于我们如此迅速而详细地公布了这种复杂而精细的提炼方法，镭工业才得以迅速地发展起来。直到现在，制镭工业中所运用的方法、程序，都是我们当时所制定的。现在在提炼过程中所采用的矿石处理和部分结晶的程序，也都是我们以前在实验室里所采用的方法，唯一不同的是，现在的仪器设备比我们当时的有所改进。

比埃尔和我提炼制取的镭全部赠送给我们的实验室了。由于矿物中镭的含量极少，因此价格也就极其昂贵，加之它又可以用来治疗一些疾患，因此镭工业获利不菲。我们自动放弃从发现中所应得的利益，也就等于是放弃了大量财富，否则，我们死后，儿孙们将成为富翁，但我们并没有考虑这些，倒是一些朋友好心好意地提醒我们，让我们有所考虑。他们言之有理地对我说，如果你们保留本该属于你们的权利的话，你们早就有足够的财力创建一座设备精良而齐全的镭研所了，就不会像现在这么举步维艰了。此话不假，我们困难重重，以致无法顺利地进行研究。不过，我仍然坚信比埃尔与我的行为和决定是完全正确的。

无疑，人类需要注重自己的实利，他们拼命地在工作，在谋求自身的利益，这与人类的普遍利益是并行不悖的。但是，人类毕竟也不可缺少具有理想主义的人，他们追求大公无私的崇高境界，无心去顾及自身的物质利益。这些追求理想主义的人因为无意于物质享受，因此也就没有物质享受的可能。但是，我觉得一个完善的社会应该为那些理想主义者的研究经费和个人生活提供必要的保证，让他们无忧无虑、无牵无挂地潜心于自己的科学研究事业。

我在上一章中已经提到过我的愉快的美国之行。我是应麦隆内夫人邀请去的。麦隆内夫人是一家有名的大刊物《反光灯》的主编，她用为我募集的义款买了一克镭赠送给我。因此，我应她之邀前往纽约接受这个弥足珍贵的赠品。

这次捐赠由于是来自美国的妇女界，因此具有非同寻常的意义。她们先是组成一个募捐委员会，成员都是美国妇女界的知名人士和很有声望的科学家。最开始的时候是首先募集到几笔可观的捐款，之后再号召社会广大妇女的帮助。她们发出的这个号召很快就获得了美国许多妇女团体的响应，各个大学和各家俱乐部更是不甘落后。捐赠者中有一些是通过镭治疗后的康复者。由于捐赠者十分踊跃，很快便募集到十多万美元，然后便用这笔钱买了一克镭，由美国总统哈定在白宫举行仪式，亲手交给了我。

我们一家三口得到该委员会的邀请，要我们在5月中旬时前去美国。这时还不到学校暑假，但是巴黎大学批准了我的这次假期，前往美国接受赠品。

在旅途中，所有的大小事宜，都不用我来操心，委员会的人已经全部做好周密的安排。麦隆内夫人亲自前来法国迎接我，陪我乘坐海轮去美国。法国刊物《我无所不知》4月28日为巴黎镭研所全体工作人员举行庆贺大会，麦隆内夫人也参加了。会上，主办者对美国妇女界的深情厚谊表示了衷心的感谢和高度的赞扬。

委员会为我安排的行程以及各种捐赠仪式多得让我应接不暇。我不仅要亲自出席白宫的捐赠仪式，还要参加好几座城市的大专院校举行的欢迎仪式，仪式上授予我许多的荣誉头衔，其中有不少是捐赠单位。

美国是一个做事效率很高的国家，仪式规模和场面都很大。并且，美国是个面积广阔的国家，那里的人们习惯于长途旅行，而我却不习惯这种长途跋涉，他们不知道我的这种不适。在旅途中，他们细心地照顾我，无微不至，尽可能地减轻我的舟车劳顿以及欢迎会上的劳累。我在美国不仅受到热烈的欢迎，而且还结交了一些真诚的朋友，我不知如何感谢他们的厚爱才好。

当油轮驶入目的地时，我们就看到纽约港那壮丽的码头。成排成列的学生、女童子军以及波兰人代表站在码头上向我们招手等候，很多鲜花献给了我们。随后，我们便被接到一处清静的住所歇息。第二天，卡耐基夫人在她那豪华寓所设宴为我们接风洗尘。宴席的时候，我结识了募捐委员会的一些人，卡耐基夫人私邸中陈列着她丈夫安德鲁·卡耐基先生的一些遗物。卡耐基的慈善事业闻名遐迩，在法国的名声也很大。第三天，我们便前往史密斯学院和瓦萨尔学院参观，从纽约去那儿需要好几个小时的火车车程。然后又去参观了布莱恩·莫尔、韦尔斯利等学院。途中还顺便参观了其他一些学校。

考点集萃

走近作者

艾芙·居里，法国人，居里夫妇的次女，从事音乐工作。

这本传记是她在居里夫人去世三年后写成的。该传记详细叙述了居里夫人的一生，也介绍了比埃尔·居里的事迹，着重描写了居里夫妇的工作精神和处事态度。文字生动流畅，书一出版就深受读者欢迎，在法国一共印了五十多版。该书被译为二十七种文字在全世界发行。

艺术魅力

一、以第三人称叙述，亲切自然，语言朴实无华、不失文采。

作品是从第三人称的视角进行叙述的，真实感人。语言没有多余的华丽的雕琢，自然朴实，符合传记语言的特点，但是丝毫不显得呆板。夹叙夹议，详略得当，巧用修辞，正、侧面相呼映。

二、抓住了传主人生中的典型事件和细节，通过描写传主这些主要的人生经历完成对人物的性格刻画。

真实性是传记文体的第一特征。要求严密客观，不得任意虚构、伪造传主的人生经历，但并不是说要将传主的所有人生经历都记录下来，而是要取其人生中的重要的、有代表性的事件进行剪裁、组接，达成写作目的。《居里夫人传》很好地贯彻了这一点，它选取居里夫人一生中具有重大影响的事件以及能很充分地表现居里夫人高尚人格的事件进行记叙，使得居里夫人的形象在读者心中更加丰满。

三、思路清晰，主次分明，表达手法多样化。

文章条理清晰，按时间顺序贯穿人物事件，从居里夫人的童年到青少年，再到中年，最后是晚年，并把握住了居里夫人人生事件的真实性。在叙述过程中，表达手法不单调，正面描写和侧面描写巧妙穿插，正面描写要言不烦，侧面描写简约传神，成功地完成了对居里夫人伟大形象的塑造。

读后感

不平凡的一生

——《居里夫人传》读后感

读完《居里夫人传》居里夫妇的身影一直在我脑中盘旋，于是我想把这脑海中的图像用文字理清，记录下来。

爱因斯坦说："在全世界著名科学家中，唯一没有被盛名宠坏的人——玛丽·居里。"居里夫人不追名逐利，就连《居里夫人传》这篇自传也是她应朋友之邀而写。这朋友对她来说不只是朋友，更是恩人，也许是给她最宝贵东西——"一克镭"的贵人。《居里夫人传》分为两部分：第一部分居里夫人自传，第二部分皮埃尔·居里传。这本书语言简练、朴实，但我们仍能从文字中感受到居里夫人一生的凄苦、困难、辛酸、感动、坚韧的历程。

玛丽·居里出生于波兰，她9岁就失去母亲，好像上天注定要磨砺她所以就不断苦其心志、劳其筋骨、饿其体肤、空乏其身。中学毕业后，由于家庭经济困难，她选择让姐姐上学，自己坚持了家教生涯。但她不曾放弃过自己的理想，她努力学习，自己完成高中学业，终于实现了去巴黎大学学习的愿望。四年的大学生活，住阁楼、绝友人，孤灯一盏，用尽全力补差距，最终以物理第一，数学第二的优异成绩完成大学之梦。她的姐姐，兄弟对她说："这是她人生最英勇最辉煌的时刻"。而我想说：居里夫人一生都是最英勇最辉煌的时刻。27岁那年她应朋友之邀去拜访。她第一次见到了她生命中的那个他——身材修长、两眼炯炯有神、笑起来稳重而温和。他们谈工作、谈理想、谈人生，如两颗金子相碰撞发出更耀眼的金光。他们相知、相恋，有着共同的兴趣爱好，共同的理想目标。他们为了理想，为了科学，在困难重重的艰苦条件下，四年在大棚底下忙碌的身影在我脑中浮现。他们的坚韧，坚强的心灵让我们震撼，功夫不负有心人，他们终于在9000千克沥青渣中提炼出"镭"。可能你会认为他们从此便打开了幸福之门——金钱、名誉、名利。错、错、错！他们没有申请专利而谋取利益，相反他们则无条件的向外界公开他们的发现以及提炼"镭"的方法。这也是"镭"工业在法国兴起却在美国得到迅速发展的原因之一。37岁上天由把它邪恶的一面对向了她，她失去了她的爱人，她的丈夫，她的精神伴侣，一个有着共同理想，一个给她精神支柱的人。她痛苦，欲语泪先流。但这一切的苦难并没有摧毁她，打倒她，她把对丈夫的爱，对丈夫的回忆统统化为前进的动力。她始终记得丈夫说的那句话：如果一个人先走了，另一个人哪怕没有了灵魂，也要继续工作下去。她接替了丈夫的工作，坚守丈夫的工作岗位，用余生完成他们共有的理想，为科学事业而奋斗终生。

在皮埃尔·居里传中我们可以看出他正如他哥哥雅克所评价的："他是一个天才，他的智慧无人能比拟"。他无私、奉献，热爱科学的精神让人敬佩。在他离开后，就犹如科学界一颗璀璨的明星陨落，是法国人民的遗憾，更是全国人民的遗憾。他的离去让玛丽·居里失去灵魂。在她的日记中她用三千多字详细回忆了他们在一起生活的最后几天。回忆那么清晰、语言那么具体。我甚至可以感受到她的心在滴血，她的眼泪如珠而落。她把对皮埃尔的爱用自传和日记的形式展现在人们面前。犹如她说的，她要把这些内容如一束花献在他的坟前，让人们永远记住他，缅怀他。她做到了，真的做到了。她完

成了她的使命，完成了上天降给她的大任。我想说：他们为科学的贡献将永垂不朽，他们的精神将永远激励我们一代又一代的人，不断前进，

"不用了......让我安静点吧！"她安静地离开，却留下了不平凡的一生。

真题模拟　直击考点

1. 玛丽·居里，出生于＿＿＿＿＿＿，是法国的＿＿＿＿＿＿和＿＿＿＿＿＿，世界著名科学家，研究放射性现象。一生获得诺贝尔＿＿＿＿＿＿和＿＿＿＿＿＿。

2. 化学元素＿＿＿＿＿＿＿是为了纪念居里夫妇而命名的。

3. 居里夫人一生中，共得过包括诺贝尔奖等在内的＿＿＿＿＿＿＿次著名奖金，得到国际高级学术机构颁发的奖章＿＿＿＿枚，世界各国政府和科研机构授予的各种头衔多达＿＿＿个。

4. 居里夫妇发现了镭，他们之所以取得巨大成就，与他们的性格特点有必然联系。其主要方面包括（　　　　）

A. 有坚韧不拔的精神。

B. 有强烈的自信，相信对每一件事情都具有天赋的才能。

C. 耐心地集中在一个目标，固执、勤奋地工作。

D. 温和、沉静的性格。

E. 坚持纯粹研究观念，不谋求物质上的利益。

F. 追求安静的生活，免受人事的侵扰和盛名的渲染。

5. 阅读下文，完成练习（选自玛丽·居里《我的信念》）。

①生活对于任何一个男女都非易事。我们必须有坚韧不拔的精神，最要紧的，还是我们自己要有信心。我们必须相信，我们对每一件事情都具有天赋的才能。并且，无论付出多大代价，都要把这件事完成。当事情结束的时

候，你要能够问心无愧地说："我已经尽我所能了。"

②有一年的春天，我因病被迫在家里休息数周。我注视着我的女儿们所养的蚕，蚕结着茧子，这使我很感兴趣。望着这些蚕固执地、勤奋地工作着，我感到我和它们非常相似。像它们一样，我总是耐心地集中在一个目标上，我之所以如此，或许是因为有某种力量在鞭策着我——正如蚕被鞭策着去结它的茧子一般。

③近五十年来，我致力于科学的研究，而研究，基本是对真理的探索。我有许多美好快乐的记忆。少女时期，我在巴黎大学孤独地度过求学的岁月。在那整个时期，我丈夫和我在简陋的环境里艰辛地研究，我们专心致志，像在梦幻中一般。后来我们发现了镭。

④我一生中，总是追求安静的工作和简单的家庭生活。为了实现这个理想，我竭力保持宁静的环境，以免受人事和盛名的侵扰。

⑤我觉得，在科学方面，我们是有对事而不是对人的兴趣。当比埃尔·居里和我决定是否应在我们的发现上获取经济利益时，我们都认为这是违反我们的纯粹研究观念的。因而我们没有申请专利，也就抛弃了一笔财富。我坚持我们是对的。诚然，人类需要寻求现实的人，他们在工作中获得了很大的报酬。但是，人类也需要梦想家——科学研究强烈地吸引着他们，使他们忘我地工作，没有闲暇，也无热情去谋求物质上的利益。我唯一的奢望，是在一个自由国家中，以一个自由学者的身份从事研究工作。我从不认为这种权益是理所当然的，因为在二十四岁以前，我一直居住在被占领被蹂躏的波兰。我估量过法国自由的价值。

⑥我并非生来就是一个性情温和的人。我很早就知道，许多像我一样敏感的人，即使受了一言半语的呵斥，也会过分懊恼，他们尽量隐藏自己的敏感，从我丈夫温和沉静的性格中，我获益匪浅。当他猝然长逝以后，我便学会了忍耐。年纪渐老，我愈会欣赏生活中的种种琐事，如栽花、植树、建筑，对诵诗和眺望星辰，也有一点兴趣。

⑦我一直沉醉于世界的优美之中，我所热爱的科学也不断展现它崭新的远景。我认定科学本身就具有伟大的美。一位从事研究工作的科学家，不只是一个技术人员，而且，他更像一个小孩儿，迷醉在如同神话故事一样的大自然中。科学的这种魅力，就是使我终生能够在实验室里埋头工作的主要因素了。

（1）读第①段，回答：

居里夫人认为对待生活应有哪两种态度？

（2）读②③段，回答：

a. 居里夫人对"蚕结着茧子"感兴趣的原因是什么？

b. "或许是因为有某种力量在鞭策着我"，这"某种力量"指的是什么？

（3）读第⑤段，回答：

a. 文中"寻求现实的人"与"梦想家"有什么区别？

b. 居里夫人对这两类人的态度分别是什么？

（4）读第⑦段，回答：

a. "他便像一个小孩儿，迷醉在如同神话故事一样的大自然中"一句强调了科学家怎样的特点？

b."科学的这种魅力,就是使我终生能够在实验室里埋头工作的主要因素了"一句中"科学的这种魅力"指的是什么?

(5)从本文中,可以看出杰出科学家具有怎样的品质?用几个四字短语来概括。

参考答案

1.波兰 物理学家 化学家 物理奖 化学奖

2.镭

3.10 16 107

4.ABC

5.(1)"我们必须有坚韧不拔的精神";"我们自己要有信心"。

(2)a.抓住"我"与蚕的相似点回答即可。如:这些蚕固执地、勤奋地工作着,我感到它们和我非常相似。

b.找准指代的内容即可。如:对真理的探索。

(3)a.抓住两类人的不同特点及作者对他们的不同态度即可。寻求现实的人:他们工作或进行科学研究是为了获得报酬。梦想家:投身于科学研究本身,被纯粹的科学研究所吸引,无暇也无热情去谋求物质上的利益。

b.对前者,居里夫人表示理解,对后者表示赞同。

（4）a. 扣住这一比喻句的含义回答。如：痴迷。

b. 扣住本段中作者对科学的理解回答。如："科学展现出的崭新远景"或"科学本身具有的伟大的美"。

（5）答案须从文章中找到依据。如："专心致志""追求真理""甘于寂寞""淡泊名利""温和沉静"等。